名著精選

心の謎から心の科学へ

# 言語

名著精選　心の謎から心の科学へ

# 言　語

フンボルト／チョムスキー／レネバーグ

監修：福井直樹　渡辺 明

LANGUAGE

岩波書店

# 目　次

# 凡　例

・文献参照は（Turing 1937）（美濃 2008）のように著者姓と出版年で示し、文献書誌は巻末にまとめた。
・原注は各著作の末尾に置いた。
・原文の斜体、隔字体などによる強調は、原則として傍点や太字体とした。
・訳者による短い補足は本文中〔　〕に入れて記し、長めの訳注は各著作の末尾に置いた。
・各翻訳に関する書誌事項などの詳細は、冒頭に付した導入に記している。

# 序文

福井直樹

福井直樹

本シリーズにおける担当編集委員および監修者として、本巻（『言語』）収録の三編に係わる事情に関して、以下簡単に説明したい。

言語研究において一九五〇年代に起こった根本的変革――いわゆる「チョムスキー革命」――は、言語学という分野の主要な研究対象も、その研究方法も、そして何よりこの分野の最終目標を抜本的に変化させた。ノーム・チョムスキーが提起した「生成文法の企て（The Generative Enterprise）」は、言語学が対象とすべき「言語」とは人間が普遍的にもつ生物学的特性としての「言語能力（言語機能）」であると主張し、物理学を中心として練り上げられてきた近代科学の方法をもってしてこの言語能力の本質を真に説明する説明理論を探究することにより、「人間の本性（human nature）」とも呼べる概念（思考、創造性、自由）に対する根源的なレベルでの科学的理解を目指す知的試みであった。

このことは、「チョムスキー革命」勃発当初から現在まで変わらない明確な目標なのであるが、生成文法と呼ばれる理論を初めて広く世の中に知らしめたと言われる『統辞構造論』（1957）を始めとして、その背後に控える専門的な著作（いわゆる初期三部作――『現代ヘブライ語の形態音素論』（1951）、『言語理論の論理構造』（1955）、「言語記述のための三つのモデル」（1956））も全て、数理論理学を用いた形式的言語理論の提示が大きく前面に出ているので（よく読めば、これらの著作にも随所に研究対象および探究の焦点に関する議論が含まれているのだが）、「チョムスキー革命」が言語学の研究対象を一新させようとしているという根本的事実が多くの研究者に直ちに理解されたとは言えなかった。

実際には、一九五一年にハーバード大学のジュニアフェローになってすぐ、生涯の盟友となるモーリス・ハレと独創的な神経科学者エリック・レネバーグと知り合ったチョムスキーは、当時、ハーバード大学を中心とするマサチューセッツ州ケンブリッジにおける知的世界で隆盛を極めていた(そして当時の構造主義言語学にも大きな影響を与えていた)行動主義心理学および通信理論を用いた人間言語へのアプローチに対する強い違和感を共有する研究仲間を得たことにより、言語研究の全く新たな枠組みを求めて、ハレやレネバーグと共に、先駆的な神経心理学者カール・ラシュリーの著作や(当時、ドイツ語でしか読めなかった)エソロジー(動物行動学)関連の論文などを幅広く学んでいたのである。こうしてチョムスキーたちは、生命体が有する内部構造を考慮せずにその行動の発達や原因を入力(刺激)と出力(反応)のみに基づいて考察するようなアプローチは、実際に起こっているプロセスの極めて表層的かつ恣意的な理解しか可能にしないという結論に至る。人間のように高度な心的構造を有すると思われる生命体の場合は、この欠陥は致命的である。人間のみがもつ「言語」の研究においても、もちろん、人間という生命体が有する内部構造を考慮することなしに、その本質を理解することはできない。こうして、今日「生物言語学的視座(biolinguistic perspective)」と呼ばれる言語研究上の枠組みは、一九五〇年代後半にはかなり明確な輪郭を示すに至ったのである。

当時ハーバード大学で心理学を講じていた行動主義心理学の泰斗バラス・スキナーが一九五七年に出版した『言語行動』に対する長大な書評という形を取って生物言語学的視座を(予備的な形で、ではあるが)明確に提示したのが、チョムスキーが一九五九年にアメリカ言語学会の機関誌*Language*に発表した「書評　B・F・スキナー『言語行動』」である。この書評の中で、チョムスキーはスキナーによる「言語行動の説明」をその詳細に至るまで批判的に検討し、ラットやハトに関する実験室における知見を人間の言語行動に対する説明に拡張しようとしたときに、いかにとんでもない無理が生じるか、いかにその本質を捉え損なってしまうかを徹底的に論じている。そして、最終的に上述の結論――すなわち、生命体が有する生得的内部構造の研究の重要性――を強調して、来たるべき言語研究の方向性を力強く示唆している。この書評が(「書評」であるにも拘わらず)生成文法の――とりわけ生物言語学の――古典とされる所以である。

レネバーグも一九六〇年前後から自らの「言語の生物学」に関する知見を論文の形で発表し始めているが、一九六七年になって、形態学、生理学、言語学、エソロジー、神経科学、進化論、失語症学、発達心理学等の知見を総動員して言語の生物学的研究の総合的枠組みを初めて提示した著作『言語の生物学的基礎』を出版する。この著作は――その付録としてチョムスキーの論文が収録されていることからも判るように――生成文法理論の発展に非常に強い影響を受けて執筆されたことは明らかであるが、同時に、生物言語学的視座を(チョムスキーのものを含む)他のどの著作よりも明確にかつ総合的に提示した点において画期的であった。筆者はかつて、ある著名な耳鼻咽喉科学の研究者が『言語の生物学的基礎』に言及して、それが自分の研究の出発点および立脚点であると述べたのを聞いて驚いたことがあるが、本書の影響力は言語学および隣接諸分野を超えて(主に生物学系の分野に)拡がっていると言ってよいと思われる。この著作も、生物言語学の古典として揺るぎない地位を保っている。

一九六〇年代初頭から、チョムスキーは自分が中心になって推進している「生成文法の企て」の先行者を発掘することによって、自らの知的営為を西洋思想史・科学史の中に位置づける作業を行ない、

『言語理論の現在の諸論点』(1964)、『統辞理論の諸相』(1965)、『デカルト的言語学』(1966)などのいくつかの重要な著作を出版する。これらの著作の中で、チョムスキーは、人間の「心(mind)」に豊富な生得的(生物学的に規定された)内部構造を認め、それに対して近代科学の方法をもってしてアプローチするという自らの研究姿勢の源流を、近代哲学の基礎を築いたとも言われるデカルトに求め、デカルトおよびそれに後続する何人かの合理主義哲学者の思索の中に、人間の心的活動に極めて能動的な側面を認めるという点において自身の人間観と酷似した認識を見つけ出した。そして、人間の心の能動性に対する認識が言語(そしてそれと緊密に連動する「思考」)という心的活動に適用されることによって生まれる知的潮流を「デカルト的言語学(Cartesian linguistics)」と名付け、西洋思想史の中に細々と、しかし脈々と続いてきたデカルト的言語学の水脈を探り出してみせたのである。

　チョムスキーの議論は、対象となる哲学者・科学者の学説の一部に焦点を当て、そこで論じられていることが現代から見るとどのように解釈できるか(実質上、何を言っていることになるのか)を考えるスタイルであり、個々の人物の全体像を把握しようとするものではない。また、そのようなアイディアの連鎖を歴史的に走査していって何百年にもわたる大きな思想的流れを摑もうとする態度で一貫しているので、通常の思想史的分類とは異なった結論が出てくることが多い。さらに、デカルトに始まる合理主義思想とそれに対置される経験主義思想との関係、人間の心の研究と近代科学との関係、近代科学と合理主義・経験主義の対立の構図、等々を巡っては、よく知られているように様々な捻れが生じていて、論点を整理し事情を理解することが容易ではない。こういった要因により、チョムスキーが提出した「デカルト的言語学」に関しては、特にその細部について様々な批判・反発が巻き起こった。これらの批判の中には、誤解に基づくものや、チョムスキーがすでに気づいていて適切に対処してあるような論点を再度指摘しているようなものもあったし、また、思想史的観点からは当然出てしかるべき批判も含まれていた。

デカルト的言語学の概念を延長して、その延長線上にロマン主義者として知られるヴィルヘルム・フォン・フンボルトを位置づけたことなどは、もっとも強い批判を受けた主張だろう。確かに、印欧諸語以外の多くの言語に通暁していたフンボルトが、デカルト派の哲学的文法や一般文法の考えについて、それがラテン語やフランス語の特徴に過度に依拠して構想されているとして批判的であったことはよく知られているが、同時に、ゲーテの原植物(Urpflanze)の概念に類似した「一般(原型)言語類型(allgemeiner Sprachtypus, Urtypus)」の考えを示唆していることからも判るように、言語の普遍的特徴にも充分に注意を向けていた。フンボルトの言語論は、ジャワ島における古語であるカヴィ(Kawi, Kavi)語に関する大部の記述文法書の序説として書かれ、フンボルトの死後(一八三六年)に出版された『カヴィ語研究序説』に比較的詳しく述べられているが、そこでの論述も――死後出版のせいもあるだろうが――必ずしも系統的で整然としているわけではない。

チョムスキーは、ロマン主義者としてのフンボルトが言語や文化・民族の多様性に真摯な注意を払い、個々の言語が独自の思考世界を形成すると考えていたことも、むろん認識しているが、それにも拘わらず、彼がフンボルトをデカルト的言語学の継承者であり到達点であるとするのは、フンボルトが言語の創造的側面に焦点を当て、また、言語と思考および自己表現の一体性を強調し、さらに「形式(Form)」の概念を措定することによって、実質的に生成文法の概念を(明示的な理論構築は技術的難点により不可能であったにせよ)先取りしていたと解釈するからである。このことに関連してひとことだけ付け加えておくと、フンボルトが言語の創造性を強調して、「形式」の概念を提出することにより実質的に生成文法に先行していたと言っても、それらはあくまでも「言語活動・言語使用」に係わる観察に基づく認識であって、その背後にある「メカニズム」(言語能力)がもつ特性を意識していたわけではない。言語能力の研究に対して、理想化、抽象化、数学的モデルの構築、等の近代科学的方法(いわゆる「ガリレオ流研究方式」)を本格的に適用して説明理論を目指したのは、まぎれもなくチョムスキーが最初であり、ここには「生成文法の企て」がもつ画時代性が明確に現れている。

チョムスキー革命を開始する諸々の研究成果を発表した後に、チョムスキーがなぜ自らの「生成文法の企て」の、そして特に生物言語学的視座の思想的先行者をあれほどの熱意をもって探し始めたのか、その真の理由は定かではない。政治思想の面においても、チョムスキーは自らのラディカル・リベラリズム(反権威主義的リベラリズム)の源流をアダム・スミスやジョン・ステュワート・ミル、あるいはジャン゠ジャック・ルソー等の古典的自由主義に求め、一七世紀から一九世紀にわたって展開された「古典的」思想が後続の(ネオリベラリズムを含む)様々な思想的潮流によって歪曲・忘却されたとする主張を繰り返しているので、そのこととある意味パラレルな事情を心の哲学、心の科学に関しても主張しようとしているのかもしれない。さらに、物理世界における「科学革命」に呼応する、心的世界に対する科学革命(いわば「第二次科学革命」)の中心的領域として自らの「生成文法の企て」を位置づけようとする矜持が、デカルト、ガリレオ等の営みから現代生成文法への継続性を強調する態度となって現れるのかもしれない。いずれにしろ、生成文法による「心の近代科学」(言語を含む心

福井直樹

的側面に関する説明理論)構築の成否は、チョムスキーが論じるその歴史的・思想史的背景とは独立に判断されるべきものではあるが、デカルト派の哲学者やフンボルトのように、従来、思想的関連性がほとんど議論されてこなかった学者の間に、言語の考察を通して見えてくる人間の思考や創造性についての共通の理解があり、それが「科学的自然主義」を標榜する経験主義や(その極端な展開としての)行動主義によって抑圧されてきた状況を現代生成文法が一変させたのだとしたら、例えばフンボルトの著作をいま一度吟味してみることにも、大きな視野から見ると何らかの深い意味が見出されるかもしれないのである。

生物言語学宣言ともいえるチョムスキーの書評論文およびチョムスキーとほぼ並行して進められていたレネバーグの著作はともかく、それらより一世紀以上も前に全く異なったオリエンテーションの下に執筆されたようにも見えるフンボルトの著作がなぜ本巻に収録されているのかと読者が訝るのではないかと思い、ついフンボルトに関する説明が長くなってしまったが、以上の考慮に基づいて、本巻には、チョムスキーの「書評　B・F・スキナー『言語行動』」を中心にして、チョムスキーとほぼ同時期に自らの生物学的言語研究の枠組みを作っていたレネバーグの『言語の生物学的基礎』、そして、チョムスキーがデカルト的言語学の到達点として挙げるフンボルトの著作『カヴィ語研究序説』の三編を収録した。チョムスキーの書評論文がアメリカ言語学会の機関誌に掲載されたことにより読者層が言語学の専門家に限られてきたこと、さらに現在まで日本語訳が存在しないこと、翻ってレネバーグおよびフンボルトの著作にはすでに日本語の全訳が存在していることも考慮して、本巻にはチョムスキー論文の全訳を中心にして、レネバーグおよびフンボルトの著作の抄訳を収録することにした。それぞれ、監修者のひとりである渡辺明氏による「要約」が付けられている。また、本巻全体に対する「イントロダクション」も監修者（渡辺氏）によって加えられている。必ずしも通読することが容易とはいえない本巻収録の古典的著作に対する読者の理解を促進する一助となれば幸いである。

過去に二度ほどあった人工知能（ＡＩ）ブームのときも同様であるが、現在の第三次ＡＩブームにおいても、機械学習、統計的学習に関する理論の目覚ましい発展により、人間の言語能力の解明にも機械学習の枠組み（多層ニューラルネット）がそのまま直接的に適用可能だと誤解する向きが多いようである。「結局、スキナーが正しかった」などという声まで聞こえてくる。しかしながら、現行の機械学習の枠組みは、おしなべて人間の言語「使用」の近似を目指しているのであり、その背後にある、人間がもつ言語能力のモデル化は目的としていない。従って、いかに機械学習による「自然言語処理」が成功しているように見えても、それは「人間の」言語能力の解明には（直接は）結びつかない。また、人間ならば易々と行なうことができる「自然言語処理」（例えば、抽象的な階層構造同士を結びつける演算）を現行の機械学習モデルがなかなか取り扱うことができないという事実（およびその逆の事実――つまり、機械なら易々と処理できるのに、人間にはなかなかできないこと――これはたくさん存在する（例えば、大量のデータから線状性に基づく規則性を抽出すること）から見ても、現在のＡＩが行なっていること――その基になっているモデル――は、人間がもつ生物学的言語能力とはほとんど無関係であることが判る。喩えていえば、人間が登頂したその同じ山頂に全く違う道を通って到達しようとしても、すぐ近くまで行くことはできるが（近似的な結果を得ることはできるが）最後まで登り切ることができるかどうかは判らないし、さらに言えば、同じ山に登っているかどうかさえ明らかではない。同じくらいの高さの隣の山に登っているのかも知れない。そして、仮に同じ山頂にＡＩが到達したとしても、そのことによって(全く違う道を辿って山頂に着いた)人間がもつ言語能力の本質に関して何かが直接的に判るわけではないのである。(間接的に何らかの知見が得られる可能性までは排除しない。)従って、ＡＩの研究が科学的言語研究にとって無益であるわけではない。)テクノロジーとしての成功とは別に、「人間とは何か」という問いに正面から向きあい、それに答えることによって「人間の本性」を理解しようとするのならば、つまり、サイエンスとして言語研究を行なおうとするのであれば、何よりも人間そのものを対象にして科学的考察を進めなくてはならない。

では、その時にどのようなアプローチを採るべきなのか。そういう根本的なレベルにおける理解と認識を本巻収録の古典的著作が与えてくれるのである。

福井直樹

## 追記

ＡＩ研究と認知科学および人間言語の研究の関連について、とりわけ、本巻収録の古典的著作がもつ現代的意義に係わる詳しい議論は、次の座談会でなされている。この座談会は、ＡＩ研究者、神経科学者(言語脳科学者)、理論言語学者・認知科学者が、ＡＩ研究の進展と脳科学・言語学との関係、人間言語の本質、自然言語処理の現状、将棋・囲碁などに現れるＡＩと人間知性の共通点と相違点、等々について、分野の違いを超えて率直に語り合ったものである。

鶴岡慶雅・酒井邦嘉・福井直樹・辻子美保子「巻頭座談会：ＡＩは人間の脳を超えられるか――

言語とゲームから深く考える」『神奈川大学評論』第95号、5－38頁、二〇二〇年。

本シリーズ中の『人工知能』の巻に収められた著作および巻末の座談会と本巻収録の著作および右記の座談会の内容を比較してみれば、ＡＩ研究と認知科学・理論言語学研究のいささか錯綜した歴史的関係が了解できるだろう。

# イントロダクション

渡辺　明

渡辺　明

# 1

ジェームズ・ワトソンとフランシス・クリック(と第三の男モーリス・ウィルキンズ)によるDNAの二重らせん構造の発見が一九五三年。ノーム・チョムスキー(1928–　)による言語構造における変換(変形)操作の重要性が論じられた本(『統辞構造論』)が出版されたのは一九五七年。この二つをならべることにどれほどの学問上の必然的意義があるか、たちどころには飲み込めない人もいるかもしれないが、言葉がヒトという生き物の重要な特性であるということを踏まえると、この二つの出来事の関係を無視してかかるわけにはいかない。実際、チョムスキーが一九五〇年代に手をつけたヒトの言語能力を解明しようとする生成文法の研究プログラムは、生物学の一分野というアイデンティティを標榜しながら進展しているのである。近年、生成文法は生物言語学という旗印を掲げることもあり、ワトソン／クリック以降のことは、将来書かれる言語学史においてその同時代性が注目されて然るべきであると考える理由が充分にある。というのも、ヒトの言語能力が生物学的基盤をもつとしたら、当然、それを可能ならしめる何らかのものが遺伝情報の一部として入っているはずだからだ。本巻では、言語に対するこのような見方を現実のものにした一九世紀から二〇世紀にかけての古典的著作を紹介している。

本巻の核をなすチョムスキーによる書評論文は、心の科学の重大な転機となった認知革命初期において、それまで支配的であった行動主義心理学に引導を渡す役割を果たしたと言われているものである。ハワード・ガードナー(Gardner 1985)によれば、認知科学が誕生したのは一九五六年あたりというのが衆目の一致するところだそうであるが、それから程なくして出版されたチョムスキーの書評論文は、引用している参考文献からして認知科学誕生前夜からの重要な論考を含んでおり、その時代の熱気が詰まったものである。アメリカでは、一九二〇年代以降、心理学だけではなく言語学やあるいは哲学までも行動主義一色の様相を呈していて、観察できる行動しか論じないという不自由な足かせが意味ある研究を阻害する状況が続いていたが、それを打ち破ったのが認知革命である。チョムスキーが提唱した生成文法はその中で間違いなく重要な位置を占めている。認知科学の誕生を一九五六年あたりとする理由のひとつは、いくつかの重要な論文が発表されたシンポジウムがその年の九月にマサチューセッツ工科大学で開催されたことにあるが、一九五七年の『統辞構造論』でまとめられる成果の核となる部分もその場で披露されているのである。こうしたこともあって、ジョージ・ミラー(Miller 2003)などはこのシンポジウムをもって認知科学の誕生としているぐらいである。この間の事情についての心理学の側からの教科書的記述としては大芦治(2016)を参照されたい。ガードナーの本の時点では、原理とパラメータによるアプローチに基づく普遍文法理論が一九七〇年代の終わりに登場してからまだそれほどたっていなかったため、その研究上の意義が充分に咀嚼されていなかったが、現在から見ると、生成文法におけるこの画期的な成果はチョムスキーのビジョンの確かさを裏付けるものとなっている。そこまでに至る歴史は、苦節二〇年とでも言うべきだろうか。認知科学における生成文法の地位は、二〇世紀の終わりに出版されたダニエル・オシャーソン編集統括の四巻本の認知科学入門書(Osherson 1995–98)を見ることで確かめることができる。

話を簡単にまとめると以上のようなことになるのだが、一九五〇年代初頭のアメリカにおいて行動主義を信奉する研究者たちは特に行き詰まりを感じていなかったとチョムスキー(Chomsky 1968: chap. 1; 1979: chap. 5)は証言する。むしろ、主要な課題は解決していて、あとはテクノロジーの進歩が細かいことを片付けてくれるだろうという楽観論が支配的だったという。これは特に言語研究についての発言だが、デイヴィッド・コーエンによるインタビュー(Cohen 1977)では、もう少し広く心理学全般に敷衍して同様の主旨のことを述べている(より最近の Chomsky 2009 も参照のこと)。

書評の対象となっているスキナーの一九五七年の著書は、行動主義心理学の立場から言語行動に迫ろうとする試みであるが、一九四七年に行ったウィリアム・ジェームズ講義がもととなっている。一九五〇年代はじめにチョムスキーがスキナーのいるハーバード大学のジュニアフェローとしてマサチューセッツ州ケンブリッジに来たときにはその講義ノートが出回っており、スキナーの行動主義の枠組みが強い影響力をもっていたという。当初からこれに違和感を抱いていたチョムスキーが、行動主義全般の批判を意図しつつも、ウィリアム・ジェームズ講義と同じタイトル『言語行動』で出版された本の書評という形で発表したのが本巻所収の論文である。チョムスキーによる批判の主要ポイントとしては、スキナーの提案が当時の楽観論にあぐらをかいた空疎なものであって、科学研究としての本質を欠いている、ということにつきる。この批判を裏付けるために、書評論文の大半はスキナー流の行動主義(徹底的行動主義と呼ばれる)の基礎概念をつぶさに検討し、スキナーの四〇〇頁を超える大部の本の中から関連する例を抜き出してコメントを加えるという形をとる。スキナーの用語はチャールズ・ファースターとスキナーの『強化のスケジュール』(Ferster and Skinner 1957)の巻末に解説つきの一覧表があるので、興味のある向きはこちらも参照されるとよいのではないかと思う。

チョムスキーによる批判の詳細は実際に論文を読んでいけばわかることなのだが、同じ一九五七年のチョムスキーの『統辞構造論』の厳密な議論に比べて、スキナーのやっていることはなんともいやはや、という感想しかわいてこない。スキナー自身はチョムスキーの批判に対する反論をすることもなく、一〇年以上もたってから別の行動主義心理学者(MacCorquodale 1970)によってなされた論駁が一応有名であるようだが、スキナーを擁護しているつもりなのにもかかわらず、スキナーの枠組みが言語行動の分析に適しているかどうかはわからないというのが事実である(86頁)、と言い放つ始末である。この主張は、チョムスキーのスキナーに対する批判が当たっているかどうかは性急に結論を下すことができるものではない、という立論の中でなされたものだが、四〇〇頁以上を費やしても提案が有望であることを示すことができないということであれば、結論はおのずと明らかである。はるかに短いチョムスキーの『統辞構造論』が、ロバート・リーズによる好意的な書評論文(Lees 1957)の助けがあったにせよ、変換操作を組み込んだ言語理論の必要性を確立したこととはよい対照をなしている。なかでも、『統辞構造論』で提案された英語助動詞のあざやかな分析は、変換操作による分析の有効性をあまねく知らしめたと言ってもよいのではないだろうか。『統辞構造論』の二〇〇二年版にデイヴィッド・ライトフットがあらたに書いた序文でもその素晴らしさが強い印象を残したことに言及している。

　このように、精密科学においてあらたな地平を切り開く場合、それに伴ってインパクトのある研究成果を披露することが必然的に要求されるが、スキナーの『言語行動』にはそれがなかったのである。科学として最低限必要である反証可能な仮説が提示されていなければ、当然、結果はついてこない。チョムスキーによる書評論文はその点を容赦なく暴いたもので、同時に、『統辞構造論』で提示されているような文法分析の背後に存在するヒトの認知機構の解明こそが心の科学では課題とされなければならないという立場を第5節と最終節で鮮明にしている。

　ここで、チョムスキーの助動詞分析について、それほど認識されていないように思われる点を指摘しておく。チョムスキーの師であるゼリッグ・ハリスは当時の構造主義言語学の第一人者であって、彼も変換の概念を提唱している。それがチョムスキーのものとどう異なっているかについてはよく議論されるが(Barsky 1997、『統辞構造論』の岩波文庫版の訳者解説、さらにはチョムスキー自身(1975a: Introduction; 1979)による説明参照)、ハリス(Harris 1957)による英語助動詞の分析がチョムスキーの分析と比べていかにも乱雑で断片的な印象を残すことは、取り上げられた形跡がない。この差は構造分析における明示性がどれくらい徹底されているかの違いからきていると思われるが、優劣は一目瞭然といわざるを得ない。問題の明示性は句構造規則と変換規則の両面にわたるもので、変換の概念そのものの違いとも無縁ではないであろう。二つの分析は同じ年に公刊され、しかも、ハリスの論文はリーズによる『統辞構造論』の書評論文と同じ雑誌の同じ号に掲載されるという運命のいたずらがあり、リーズもこの論文に言及しつつハリスの研究がチョムスキーの変換操作につながっていることを述べているのである。当時の言語学者はいやが応でも両者を比較検討しないわけにはいかなかったと考えられる。

どのような結論が導き出されたかはその後の言語学史が証明しているというべきであろう。理論・仮説の選択において働いている力学の然らしめるところである。行動主義心理学の運命もそこから逃れるわけにはいかない。

『スキナーの心理学』(O'Donohue and Ferguson 2001 の邦訳)の訳者あとがきによると、行動主義心理学は今でも行動療法として生き残っているようである。だが、言語行動に関するスキナーの考え方を引き継ぐ研究の受け皿としてこの本で紹介されている *The Analysis of Verbal Behavior* という学術誌のあらたな編集委員のひとりとして着任したロシオ・ロザレスが所信表明として書いているもの(Rosales 2018)を読む限りにおいては、言語行動分析には科学として特に見るべきものがないようである。ロザレスは、「言語学者は自分たちがやっていることはどんなことでもひどく重要なものに見せる特異な能力をもっている」というスキナーの言葉を引用し、行動分析の研究者もそれに見習うときがきているのではないか、と件の所信表明を結んでいるのである。宣伝活動を軽視してはいけないが、それ以上に必要なのは厳しい検証に耐えるインパクトのある研究成果であって、これがなければ何も始まらない。

以下、チョムスキー、レネバーグ、フンボルトの順に、本巻所収の著作の今日的意義について解説する。

スキナーの本の書評論文は、チョムスキーの後年の活動の主要な萌芽がさまざま見られるという点で、行動主義心理学批判ということにとどまらない非常に重要な一里塚となっている。そうした点を、以下、後年の研究のおおよその時系列の順番に整理して見ていくことにしよう。

## 2

まず、第一に、先ほど言及した言語の認知機構ということについて「言語学における説明モデル」(Chomsky 1962)で体系的に取り上げられた後、『統辞理論の諸相』(Chomsky 1965)の第一章で古典的定式化がなされることになる。言語能力と言語運用が峻別され、人類共通の生得的言語機能が言語獲得装置として働くというモデルが提示されるのである。この言語獲得装置は一次言語データを個別文法へと写像する関数と定義される。

子供がどのようにして個別文法を獲得していくのか、という問題は一九五七年のリーズによる『統辞構造論』の書評論文でなされた問いかけであり、チョムスキーの書評論文はそれに応える形になっている。このテーマは後続の研究でさらに発展していくわけで、こうした流れから、言語獲得の問題が生成文法の中心課題のひとつであることが見えてくる。行動主義心理学の大きな研究テーマとしても行動の学習があり(Bruner 2004)、チョムスキーによるスキナー批判において大きく取り上げられているわけだが、生成文法の考え方からすると、言語獲得はスキナーが学習一般について想定している強化のスケジュールなどによるものではありえない。そもそも強化の概念そのものが実質的な中身を欠いたものであるという批判に加え、仮に周囲の大人が子供に対して意識的に接したとしてもそれとは関係なしに子供は自分のまわりで使われている言語を自然に獲得してしまうという否定しようのない事実があるので、別の考え方をとらざるを得ないという結論になる。ちなみに、子供の言語獲得に関する事実として、書評論文第5節で特に移民の子供を例としてあげているのは、チョムスキー自身の経験を参考にしていると思われる。彼の両親が移民であり(Barsky 1997; Fitch 2013)、自分は親の英語とは違う英語を話すという発言もしている(Chomsky and McGilvray 2012: 56)のである。

生得的な人類共通の普遍文法の中身が具体的にはどのようなものであるかというのが生成文法の研究プログラムの主たる関心事であるのだが、個別の言語はそれぞれ異なった非常に豊かな文法システムを体現していると言わざるを得ない。そうすると、生まれたときの初期状態からどのような道筋をたどって人それぞれに異なる状態へと到達するのかを説明する必要が出てくる。これが言語獲得の問題であり、『統辞理論の諸相』の第一章はそれを定式化することに主として費やされているのである。その注14では、子供は与えられる一次言語データが断片的な性格をしているにもかかわらず、内容豊かな個別文法にたどり着くことができる、ということが強調され、本文(4頁)では実際の発話が数多くの言い間違い(false starts)その他を含んでいることが指摘される。ここで念頭にあったのは、書評論文の注45で言及されている論文ではなかったかと考えられる。そのうちチャールズ・オズグッドの論文は、書評論文の時点で未刊とされタイトルも不明なのであるが、内容からして一九五九年のハワード・マクレイとの共著論文(Maclay and Osgood 1959)のようである。そこでは言い間違いがひとつの分類タイプとしてあげられているし、ドナルド・ブーマー(Boomer 1965)が、注45で言及されているもう一人の別の論文とともに主要先行研究として取り上げているからである。ブーマーがチョムスキーの書評論文にふれながら議論をしていることにも注意したい。言い間違いのようなものが実際どれくらいあるのかという疑問が『統辞理論の諸相』の「観察」に対して投げかけられることがあるのを考えると、書評論文で文献情報に不備があったマクレイとオズグッドの一九五九年の共著論文を『統辞理論の諸相』できちんと引用しておくべきであったと思う。この論文では五万語ほどのコーパスをもとに数値データを出しており、疑問を解消してくれる。

さて、言語獲得の問題については、『統辞理論の諸相』の段階で知識についてのプラトンの生得説との関連が既に意識され、『知識と自由の諸問題』(Chomsky 1971 : chap. 1)では知識獲得全般の問題としてラッセルを引用しつつ詳しく論じられるのだが、これが「プラトンの問題」と名付けられるのは『規則と表示』(Chomsky 1980)においてである。プラトンの問題は、名付けられた時点で、実は原理とパラメータによるアプローチの登場によって理念的には解決を見ている。言語間の違いの源泉であるパラメータが普遍文法の一部として組み込まれており、不変の原理ともども生得的なものであるとすると、言語獲得とはパラメータの与える選択肢のいずれを採用するかということにすぎないというシナリオに落ち着くのである。そこには、学習と呼べるほどのものは、語彙の習得を除けばほとんど存在しない。もちろん、どのようなパラメータが実際に必要であり、選択肢の決定が言語獲得のプロセスにおいてどのようになされるのか、という問題は現在に至るまで活発に議論されていて、すぐに決着がつくようなことにはなっていない。しかし、問題が茫漠としたものから具体的に手をつけることができるものになったおかげで、意味のある研究成果がこの四〇年ほどの間に着々と積み上げられてきていることは間違いない。パラメータについてのわかりやすい紹介は日本語も取り上げているマーク・ベイカーの解説(Baker 2001)を、言語獲得についてはマリア・テレサ・グァスティや杉崎鉱司による入門書(Guasti 2016; 杉崎 2015)を参照されたい。

二番目には言語使用の創造的側面の問題がある。ヒトの発話は外部からの刺激にコントロールされることなくしかも状況に適した形でなされる、というデカルトの観察は、生成文法で追究されている主たる考え方の源泉を歴史上たどっていくという『デカルト派言語学』(Chomsky 1966)の出発点となっているのだが、一九五九年の書評論文の段階でデカルトの名はまだ登場しない。ただ、注23の最後のところで、前の時代に正しく認識されていたことが構造主義言語学において忘れ去られていると一言もらしているのは、一七世紀から一九世紀初頭にかけての重要な言語研究の水脈をたどるプロジェクトにそろそろ着手しかけていたことをにおわせる。そうすると、念頭にあるのは、デカルトが論じていた言語使用の創造的側面の問題をはじめ、『デカルト派言語学』で論じられている事柄ということになる。

その言語使用の創造的側面であるが、刺激と反応を基軸に据えた行動主義にとって対応不可能であることは自明で、書評論文第3節で、絵の美しさを表現するのに、「美しい!」と高いピッチで繰り返し叫ぶこともあれば、低いピッチで静かに「美しい」とつぶやくこともあると述べているのは、記述レベルを精密にしていけば言語使用が刺激に対する反応などという概念では捉えきれないことを簡単な例ながら如実に示している。もちろん、絵を見るという状況一般まで広げれば同じく第3節で指摘されているように様々な「反応」が可能なわけで、刺激と反応の関係を何らかの法則として客観的に記述することすら覚束ないことになる。言語使用の創造的側面は、デカルトにとってヒトとその他の動物を区別する最重要の指標であるとともに、機械論的世界観では説明できないものとして別扱いが必要だとされるのだが、『言語と精神』(Chomsky 1968)では、ニュートンの物理学の登場によってデカルトの機械論的世界観が退けられることになったので、その時点で自然科学としての心理学が可能になっていたことが指摘される。ここでいう心理学は、言語を含むヒトの認知構造を対象にするものである。一方で、言語使用の創造的側面自体は自然科学のアプローチでは手の届かない謎として永遠に残るのではないかという見通しが『規則と表示』(Chomsky 1980)で強調されるようになり、『言語の知識』(Chomsky 1986)以降、「デカルトの問題」と呼ばれるようになる。スキナーの本の最後に、一九三四年のこととして、アルフレッド・ホワイトヘッドに行動主義を説明したときのエピソードが紹介してある。そのときのホワイトヘッドのスキナーに対する反応は、もし仮に科学がヒトの行動を説明できるようになったとしても、言語行動は例外として残り続けるだろうというものであったという。ホワイトヘッドは説明困難なものとして具体的な発話をひとつあげているだけだが、要は言語使用の創造性をどう処理するかである。スキナーはホワイトヘッドとの会話を機に言語行動の分析に乗り出したと述懐しているが、勝負はそのとき既に決していたわけだ。チョムスキーはこのエピソードに言及してもよかったのではないだろうか。

ところで、オペラント条件付けによってヒトの行動を説明しようとするスキナーの「徹底的」行動主義はもとより、刺激と反応の枠組みそのものが、アナーキストたるチョムスキーの政治思想と真っ向から対立することもこの書評論文の背後にある重要なポイントである。自由と自律を重んじる立場からすると、いかなる形にせよヒトの行動のコントロールを志向することは論外のことで、決して許されるものではない。第8節冒頭にはそうした心情がストレートに出ている部分があるが、行動主義がテクノロジー礼賛の気運と相まって個人の自由を無視する政治的に危険な動向と結びつきうることに一九五〇年代から懸念を抱いていたことがミツ・ロナとの対話(Chomsky 1979: chap. 5)で語られている。そうしたこともあってか、チョムスキーによるスキナー批判は一九五九年の書評論文で終わらない。本シリーズの『自由意志』の巻でスキナーの別の著書が抄訳で紹介されているが、その著書を批判した論文をチョムスキーは *Cognition* という学術誌の創刊号に寄せている。その中で、人間の自由と尊厳についての科学的知見など未だ得られていないのに、そのようなものがあるふりをして勝手気ままなことを主張するのは詐欺に他ならないとまで言っているのである(Chomsky 1972: 45)。スキナーを「二〇世紀を代表する大心理学者」と持ち上げる渡辺茂(2019)でさえ、兵士の対人殺傷率を上げることを目的としてスキナー流の行動分析が軍事訓練に利用されていることについては憂慮を隠せない。一九六〇年代半ば以降ベトナム反戦活動にエネルギーを注いでいたチョムスキーが嫌悪感をあらわにしているのもうなずけるというものである。政治思想との関連についてはフンボルトのところで再度ふれるが、一九五九年の書評論文はそうしたことにもつながっているのを見落としてはいけない。行動主義心理学全般に対する批判は、学習理論とからめて、『言語論』(Chomsky 1975b: chap. 4)でも引き続き行われる。そこでは、実験そのものが実験対象の本来の能力を超えた不自然な条件を課すようなことになっていて、そもそも実験対象について意味のある結論を出せるようなデザインになっていないのではないかと指摘している。

三番目は、意味ないし概念の問題である。第8節において記述的名辞の指示物と意味に対する伝統的アプローチを持ち出してスキナーによる分析と比較する際に、伝統的アプローチに問題があることに軽くふれているだけなので、萌芽とすらいえないかもしれない。しかしながら、どちらかというと言語哲学に属するこの問題への関心は、『統辞理論の諸相』(Chomsky 1965 : chap. 1)で少し顔をのぞかせたあと、『言語論』(Chomsky 1975b : chap. 2)、『形式と解釈』(Chomsky 1977 : chaps. 1, 2)、『言語の知識』(Chomsky 1986 : chap. 2)など、ちょっと拾っていくだけでもいろいろなところで議論の原動力となっている。この問題がある程度集中して論じられるようになるのは『言語と思考』(Chomsky 1993)と『言語と心の研究における新地平』(Chomsky 2000)で、結論からいうと、言語が内的認知機構である以上、言語表現自体が何か外界の物を指し示すことはないということになる。ヒトが言語表現を使用して物を指し示すことがあるだけである。言葉と物の関係は、つまるところ、言語使用の問題となる。物を指し示すということが実は一筋縄でいかないことを示す様々な例が提示されるわけだが、そうした事実も言語使用の問題だとなるとそれほど不思議ではない。『権力と展望』(Chomsky 1996 : chap. 2)で、書評論文には出てきていないフレーゲを取り上げてこの問題に対する見方が簡潔にまとめられている。ちなみに、自然科学の場合は自然界に存在するものと対応していなければ正しい理論とならないので、科学的記述での用語が指し示す対象物は必ず存在することが意図されるが、これは別の話である。フレーゲやラッセルが出発点となっている分析哲学で科学哲学と言語哲学が混同されているのは、意味に対する伝統的アプローチの負の遺産なのかもしれない。チョムスキーの哲学上の貢献のひとつは、この混同を解きほぐした点にあるといってよい。もっとも、科学記述に言語が使われることに着目すると、これまた言語使用の一特殊形態で、言葉と物とのストレートな対応関係が意図されていることで定義されるところにその特殊性がある、と考えておくのが適切かもしれない。

一方、概念の方は言語と結びついた内的認知構造に属する。チョムスキーは語彙レベルの意味の問題を棚上げしているなどという批判があるが、上記のように文献を羅列的にたどっていくだけでも決してそうではないことがわかる。論じられている場所が言語分析の技術的細部を扱うところではなく哲学的議論がなされている箇所や著作なので、言語理論を表面的に追いかけているだけの人は見逃してしまうのかもしれない。ただ、言語によって表現される概念の不可思議な性質は、現在に至るまでなかなか理論研究に乗らないとはいえ、重要な課題であって、今後、大いなる進展が希望される領域である。そして、本巻所収の書評論文は、そのささやかな出発点を含んでいると見なせる。チョムスキーが取り上げた例の中には、冠詞等をともなわない裸の複数名詞(Chomsky 1977: chap. 1)や平均についての表現(Chomsky 1986: chap. 2; 2000: chap. 2)など、その後、形式意味論におけるトピックとして定着したものもあるが、そうでないものもある。もちろん、いまだ誰も正しく認識していないものの方が多いに違いない。各語彙項目と結びついている意味は概念の問題と不可分で、動詞については文構造と密接に関係するためそれなりに研究が進んでいるが(Levin 1993)、名詞や形容詞など他の品詞については これからである。この問題は、以下、レネバーグとの関連で再度取り上げる。

なお、哲学との関連でひとこと付け加えておくと、哲学における行動主義との闘いは一九六〇年代以降延々と続くことになる。哲学上の行動主義についてはアレックス・バーンの解説(Byrne 1994)を参照のこと。生成文法の研究プログラムの哲学的意義についての議論はチョムスキーの著作(Chomsky

1968; 1971; 1975b; 1980; 1986; 2000; 2016)で詳しくたどっていくことができる。

最後のテーマは冒頭でも述べておいた生物言語学の観点である。書評論文の中では、第5節において、行動の動機づけに関し動物実験の結果をもとにヒトの場合も同様であることを確認し、強化の役割を否定するところがヒトを生物の一種として扱っている部分として印象的だが、それに引き続いて、動物の生得的行動の発現とヒトの言語獲得を同列に置く視点はまぎれもなく生物言語学的である。第5節の最後では、脳の進化によってヒトの言語機能が誕生したという見方まで述べられていて、生成文法の目標が普遍文法の理論を構築するということだけにとどまらないことがはっきりとわかる。チョムスキーは、ハーバード大学のフェローであった一九五〇年代初頭に当時同大学の大学院生であったハレとレネバーグに出会い、書評論文でも引用されているティンバーゲンやローレンツといった研究者の比較行動学に関する著作を読み始めていたという(Berwick 2017; Chomsky 2009; Chomsky and McGilvray 2012; Fitch 2013など)。書評論文の後、生物言語学の視点は一貫して採用されている(Chomsky 1965; 1968; 1971; 1975b; 1980など)。『規則と表示』(Chomsky 1980)の第二章では、登場したばかりの原理とパラメータによるアプローチの着想が生物学での考え方にヒントを得ていることが明かされ、また、同書第六章では、言語機能を生物の器官と同様に研究する際に物理的基盤や進化の問題が当然のごとく浮上することが明確に述べられている。ただ、言語の知識・獲得・使用に加えて脳研究が主要課題として前面に出てくるのはマナグア講義(Chomsky 1988)の段階になってからで、進化については、この本においても最後のところで同じくヒト固有である自然数の問題とからめて控えめに出てくるにとどまっている。進化に関する問題が理論考察を主導する位置に据えられるようになるのは二〇〇二年のマーク・ハウザーやテカムセ・フィッチとの共著論文(Hauser, Chomsky, and Fitch 2002)を待たねばならない。時間がかかったのにはそれなりの理由がある。生産的な脳研究のためには技術開発が不可欠で、脳の活動を画像化する技術が実用化されることが最低限の前提である。一九八〇年代後半にはそのメドがついていたようである(酒井 2019)。進化については、原理とパラメータによるアプローチで積み上げられた成果を糧にして登場したミニマリストプログラム(Chomsky 1995)において文構造に関わる演算システムが大きく簡素化され、一回の突然変異でヒトの言語機能が誕生したのではないかというマナグア講義で提出されていた推測があながち非現実的とはいえない様相を呈してきた。それが一九九〇年代後半である。同時に、生物言語学の名称はライル・ジェンキンズの著書(Jenkins 1999)のタイトルとともに脚光を浴びるようになる。こうして、一九五九年の書評論文で芽を出したものがようやくすべて花を咲かせることになった。ローマは一日にして成らず、である。もちろん、実を結ぶというところまで行くのにまだまだ時間のかかるものもある。中でも、進化のプロセス自体はどれだけ実証されるか疑問である。だが、普遍文法の理論研究を行うときに進化の問題について考えをめぐらすことは個人的な経験からしても想像力を刺激することは間違いなく、ヒト特有の概念が何に由来するかという問題と合わせ、これからの展開が期待される。

それにしても、行動の動機が餌などの具体的な報酬といったようなものではなく好奇心であるという動物実験の結果が書評論文の第5節で紹介されているのは、経済効率しか頭にないというような現在の日本の風潮の中では特に重く受け止めるべきであろう。チョムスキーの政治思想とも関係がある点だが、ヒト本来の好奇心と創造性が忘れ去られ圧殺されている社会は健全とは程遠いと言わざるを得ない。当然のことながらそれは知的活動の停滞を招くことになる。チョムスキーの書評論文を読むと、現在の日本社会を覆っている知的風土はラット以下だという感想を禁じ得ない。

## 3

ここまでチョムスキーを軸に研究史的な事柄を書評論文に関連する限りにおいてたどってきたのだが、次に、エリック・レネバーグ（1921–1975）を取り上げる。生成文法の発展においてチョムスキーの果たした役割があまりに大きいため、外から見ていると彼一人の働きですべての物事が動いているような印象をもつ人がいるかもしれないが、科学研究の性質からして、個人ではなく集団による貢献が不可欠で、原理とパラメータによるアプローチの登場やそこからのミニマリストプログラムへの発展は、数多くの研究者による重要な成果の積み重ねがなければ実現しなかったものである。そうした中で、生物学の一分野としての言語学という見方を定着させる上で重要な役割を果たしたのがレネバーグということになる。エリック・R・ブラウン（Brown 1975）によると、レネバーグはドイツ生まれで、ブラジルへ移住した後、大学教育の機会を求めて一九四五年に米国へ渡ったという。チョムスキーと出会ったのがハーバード大学の大学院生時代の一九五〇年代初頭のことであったのは先に記した通りである。本巻では彼の一九六七年の記念碑的著作の最終章を収めるが、同書にはチョムスキーによる生成文法概説ともいうべき付録が巻末についており、二人の交流の深さをうかがわせる。ちなみに、この付録は、一九七二年に出た『言語と精神』（Chomsky 1968）の増補版に再録されている。また、レネバーグの本の序文では、「生物言語学」を書名の一部に含むハンドブック(Meader and Muyskens 1950)が紹介されていて、もっと早くから生物言語学の名称が広まってもよかったと思われなくもないが、一九七四年の学会で生物言語学の名が掲げられた時点では時期尚早だったようである。ただ、そうしたこととは関係なく、レネバーグが扱った問題はヒトという生物における言語機能のあり方が直接反映されているものばかりで、理論についての考察を進めていったチョムスキーの仕事とちょうど良い補完関係をなしている。

レネバーグの業績で一番よく知られているのは言語獲得の臨界期の発見である。おおざっぱにまとめると、思春期までの間なら母語として言語が獲得できるが、その一定の時期を過ぎてしまうとそれができなくなる、という。それ以後はすべて外国語としてしか習得できない。その証拠として、脳に何らかの理由で損傷が生じた場合に引き起こされる失語症からの回復具合について大人と子供では異なることなどを一九六七年の本の第四章であげている。もちろん、思春期以前の子供の場合はたいがい完全に回復するのである。これ以外の証拠としては、マリア・テレサ・グァスティの入門書(Guasti 2016)で、先天的聴覚障害者がどの段階で手話を習得するかによって習熟度に差が出るという研究が紹介されている。手話の習得も音声言語と同じ臨界期に左右され、同じ言語能力の発現であることが現在では常識となっている。

この臨界期の存在をレネバーグは大脳の機能分化、特に左脳と右脳の役割分担に結びつけようとしている。大人では通常主として左脳が言語機能を担うことが一九六〇年代において既に認識されていたのだが、バーウィックとチョムスキーの『なぜ我々だけなのか』(Berwick and Chomsky 2016)で紹介されている近年の研究では、左右の分化に加え脳内部の言語関連のネットワークが子供と大人で異なることが報告されている。臨界期とは別の文脈で、ヒトの言語能力が脳の大きさそのものによって可能になっているのではないことをレネバーグは実証しているが、これは脳内ネットワークの重要性と関係しているのかもしれない。また、大脳の機能分化ということでは、知的障害があっても言語獲得が（普通の子供と比較してやや遅れるということを除けば）それほど影響を受けずに行われるということを示したのもレネバーグの大きな功績である。これは言語機能が他の認知システムから独立した別個のモジュールをなしていることを意味する。再びブラウン（Brown 1975）によると、レネバーグの主たる関心は発達の過程で変容する脳の構造にあったそうで、言語獲得の問題が一九六七年の著作で大きなウエイトを占めていることに合致するが、脳自体の研究については画像化の技術が未だ確立されていない時代に苦労が多かったものと容易に推測される。そうした中で、言語の生物学的基盤についての古典的理解を確立したことは、研究者としての力量をよく物語っていると言えよう。本巻所収のものを読み終えたあとで、大部の本を読み通す時間がない向きには、手短にレネバーグの研究にふれることができる論文も存在する（Lenneberg 1964）。

この他にも、言語能力のための遺伝子といったような荒っぽい考え方は退けつつ、言語障害が多発する家系の存在から言語に関わる遺伝的側面を立証し、言語能力の進化の問題と関連付けることもレネバーグは試みている。同時に、進化上、いつ言語が出現したかを特定するための決定的な証拠が欠如していることが慎重な議論によって示されてもいる。

こうしたいかにも生物学的な話題に加えて、個別の語彙項目がもつ概念といった伝統的な言語研究寄りの問題もレネバーグは扱っている。先に本巻所収の書評論文以降のチョムスキーの仕事について述べたところと軌を一にすることだが、主たる論点は、語の意味といっても外界の事物をさすのではなく、より抽象的な概念化のプロセスそのものと結びついていて、そのために個人による自由な意味の拡張といったことが可能になっているということである。それはとりもなおさず対応する概念の領域が言語とは独立に存在していることをも意味する。意味拡張以外に語彙的意味の不可思議な性格について論じることをレネバーグは特にしていないが、four times five のような数学的表現に着目して、語彙的意味の抽象性を強調している。当該の英語表現は、通常、「四かける五」という日本語訳を当てるが、time(s) の本来の用法からすると、「五の四倍」ということになる。

語彙項目の意味の問題は言語能力の進化とも密接な関係がある。言語とは基礎単位を組み合わせるためのシステムであり、そうすると、文構造構築用の基礎単位である語彙項目が、進化上、言語が出現したときに利用可能な形で存在することをどう保証するかが重要な問題となる。バーウィックとチョムスキー(Berwick and Chomsky 2016)は、語彙的意味がヒト以外の動物で観察される概念とは根本的に異なっており、進化を考える際の大きな謎となっていると主張する。これに対し、フィッチ(Fitch 2017)は、動物の認知機構にも抽象的な概念が豊かに存在し、この点は問題にならないと反論する。しかしながら、単に、ヒトの語彙的意味と似た抽象概念が存在すると確認しただけでは謎の解消にはならない。フィッチは数概念がヒト以外の動物にも見られると無造作に言っているが、心理学分野でよく論じられているように(Feigenson, Dehaene, and Spelke 2004 や Carey 2009 など)、自然数概念はヒト固有であって、他の動物には見られない。数詞はこのヒト固有の自然数概念と結びついているのであるから、フィッチの事実認定は粗雑すぎると言うしかない。先ほどの倍数についての表現も数詞を伴っており、その概念がヒト以外の動物にも見られるか疑問である。幸い、自然数の問題についてはチョムスキー(Chomsky 2008)が解決法を提案しており、言語の出現とともに自然数概念が可能になることが示されている(公理的集合論内での定式化はChomsky and McGilvray 2012: 263を、数詞の語彙項目についてはWatanabe 2017を参照されたい)。要するに、動物の認知機構にもヒトが使うような抽象的な概念が存在することを観察するだけでは不充分で、それがヒトの語彙的意味を過不足なくカバーできるようになっていなければ、バーウィックとチョムスキーが指摘している謎は厳然として難題を突きつけてくることになるのである。自然数はそのわかりやすい例で、他にも「平均」のような概念が動物界にも存在するのかといったような疑問をひとつひとつ丁寧に検討していくことが求められる。十把一からげ的議論ではわれわれの知的理解は少しも前に進まない。

レネバーグは一九七五年に五〇代前半で没している。早すぎる死であった。言語獲得の問題に道筋をつけた原理とパラメータによるアプローチの登場まであとほんの数年。本巻のためにあらたに訳出された部分で普遍文法の理論構築へ向けた展望を語っていた彼がそれを目にしていたら、どのような感慨をもらしたであろうか。不変と可変を区別したレネバーグのビジョンは原理とパラメータによるアプローチの見方と大枠で驚くほど似通っているのである。『規則と表示』(Chomsky 1980)の第五章はレネバーグの没後一年を画して行われた学会の議事録(Miller and Lenneberg 1978)から再録されたものだが、本巻所収部分からまとめて二カ所を引用しながら、その考え方の意義を論じている。チョムスキーはその後も折にふれてレネバーグの研究に言及しており、若き日から知的関心を共有した友人の功績をたたえている。上記の『なぜ我々だけなのか』(Berwick and Chomsky 2016)はレネバーグによる古典的著作で扱われた課題に、半世紀を経て、最新の成果をもって答えようとするものである。出版五〇周年を記念した学術誌の特集も組まれていて、巻頭論文(Trettenbrein 2017)がその今日的意義をまとめている。

## 4

生成文法が属する知的系譜の中で、チョムスキーがデカルト派と呼ぶ水脈(Chomsky 1966)の掉尾を飾るとされるのがヴィルヘルム・フォン・フンボルト(1767–1835)である。ここで急いで注釈を付け加えておくと、フンボルトがデカルト派に属すると言っても、フンボルト自身がそれを自覚しているということではない。あくまで、言語についての基本的な考え方を共有していると見なすことができるという意味でのことであって、チョムスキーもデカルト的見方との違いと共通点を明らかにしている。思想的背景ということであれば、ライプニッツの哲学がフンボルトに強く影響していることがよく知られており(Burrow 1969; 吉永 2009)、『統辞理論の諸相』(Chomsky 1965: 50–51)は、生得的概念についてライプニッツが述べているところを長めに引用したあとで、それを言語に適用するとフンボルトの言語獲得に対する考え方になることを指摘している。いずれにせよ、本巻でのフンボルトの位置づけは、あくまで生成文法のプログラムにつながる言語研究の系譜というチョムスキーが採用している観点を中心としてなされる。その点、諒とせられたい。フンボルトの言語研究の全体像に興味のある読者は、専門家の手による研究書（福本 1982、泉井 1976、亀山 2000、斉藤 2001 など）を参照していただきたい。本巻に抄訳が収録されているのは、ジャワ島の古語カヴィ語の研究に付せられた序論で、フンボルトの一般言語学に関する主著なのだが、遺稿を整理しての没後出版である。あらたになされた抄訳部分は言語一般についてのフンボルトの基本的な考え方がまとまった形で述べられているところである。

フンボルトが活躍した時代は、言語学史では、いわゆる比較歴史言語学の勃興期に当たる。一七八六年にイギリスのウィリアム・ジョーンズがギリシア語やラテン語と古代インドのサンスクリット語との類似性に着目し、これらの言語が共通の起源から派生したのではないかという可能性を講演で指摘したことが、事の始まりである。その後、西はアイスランドから東はインドまでの広大な地域の言語の大半がインド・ヨーロッパ語族という起源を同じくする系列に属するという発見に発展し、フリードリヒ・フォン・シュレーゲル、フランツ・ボップ、ヤーコプ・グリムといったドイツ語圏の研究者が中心となって、インド・ヨーロッパ語族研究を一九世紀ヨーロッパにおける言語学の主流に押し上げることになる。フンボルトも、ボップをベルリン大学教授職に推挙することでこの流れに手を貸している。比較歴史言語学の主な課題はインド・ヨーロッパ語族内における系統と歴史的変化の実態の解明であり、それをもとにして何も資料が残っていない起源たる祖語を再建することにあった。こうした研究から音変化の法則性についての重要な知見が得られたということも大きな貢献のひとつである。このあたりの詳しいいきさつについては風間喜代三（1978）がわかりやすい解説をしているので参照されたい。

しかしながら、このような言語研究の流れに直接接することもあったフンボルトは、そこに身を投じることをしなかった。そうした点にフンボルトの言語学者としてのスケールの大きさを見て取ることができる。精神の活動に重きを置いていたフンボルトにとって、語の形態と音の分析に研究が限定されていた比較歴史言語学はそれなりの興味の対象とはなっても最終的には飽き足らないものだったに違いない。言語システム全体を理解しなければ、思考との結びつきを解明することにならないのは当然のことである。また、ギリシア語やラテン語はもちろんだが、ヘブライ語やバスク語、さらにはハンガリー語などインド・ヨーロッパ語族ではない言語も学んでいた(亀山 1978)ことがより広く人間の言語一般ということに目を開かせるきっかけとなった可能性も考えられる。言語の多様性とその背後にある精神の働きに思いを巡らすとき、人間の言語能力の普遍性の問題にたどりつくのはほぼ論理的必然といってよい。ライプニッツ哲学に親しんでいたこともそれを手助けしただろう。チョムスキーは、『デカルト派言語学』において、ゲーテがナポリから送った一七八七年五月一七日付ヘルダー宛書簡(木村 2009 も参照)を引用して、彼の原型(Urform)の概念が可能な生物を定義することになっているのに着目し、フンボルトの普遍文法についての考え方との著しい類似性に注意を促している。フンボルトはゲーテの同時代人であり、交流も深かった(亀山 1978)ので、生物学に関するゲーテの考えがフンボルトに影響を与えたのは間違いない。このあたりの事情について、木村直司(1976; 1980)が詳しくテクストを検討して考察を加えている。書簡を主として取り上げている木村(1976)は、フンボルトが一七九四年にイェナへ移住してシラーを仲立ちにゲーテとの親交が始まって以降のゲーテからの影響に議論を絞っているが、それ以前の一七九二年に成立したとされる政治思想の書『国家活動の限界』(Humboldt 1969; フンボルト 2019)の第二章には、既に、ゲーテの植物形態論を下敷きにした一節が出典を明らかにした注とともに存在していて、この方面でのゲーテの考え方に対する早くからの関心がうかがえる。言語の多様性と生物の多様性が似通った問題であることをフンボルトが認識し、それが一般言語学構想の源泉になっているというのは決して突飛な話ではない。自然科学者である二歳年下の弟アレクサンダーの存在も、そうした認識の形成に大きく与っているとみてよいのではないか。カヴィ語研究の出版を指揮したのは他ならぬアレクサンダーであった。生物学の系譜は、このアレクサンダーからダーウィンへとつながる。ここで、大きな時代的背景としてもうひとつふれておいてもよいかと思われるのは、カントやシェリングの哲学を契機として、生物に対する見方がデカルトの機械論的なものから脱し、有機的存在であると見なす方向へ舵を切ったということである。バイオロジーという用語（ドイツ語ではBiologie）が現在とほぼ同じ意味で使われるようになったのは一八〇二年だという。フンボルトが言語を有機体であると主張しているのはよく知られている。それが生物学的観点にそってのことなのかドイツ観念論の直接的影響なのかは定かではないが、いずれにせよ時代の思潮の反映をそこに見て取ることは容易であろう。ドイツ観念論とゲーテの生物学の関係について詳しく論じたものとしてはロバート・リチャーズ（Richards 2002）が興味深い議論を展開しているので参照されたい。

まとめると、言語についての普遍性の解明を目指すというフンボルトの立場は、明らかに生成文法の研究プログラムと合致する。内的な精神の働きを重視する点は、チョムスキーの行動主義批判と方向性を同じくすることにも注意しておきたい。ゲーテの生物学がヒントになっているのならば生物言語学的でもあると言ってよいかもしれない。ゲーテの自然科学との関係では福本喜之助（1982: 83–86）

も参照のこと。ただ、福本(1982: 445-446)が、「人間の精神と言語の間の相互作用を、異なる言語社会におけるさまざまな現われ方として捉える」ことがフンボルトの重要課題であると正しく要約した上で、多様性をチョムスキーは直接問題にしておらず、我田引水的なフンボルトの解釈をしていると批判しているのは、生成文法におけるプラトンの問題の重要性を理解していないことからくる誤りである。言語共同体が言語獲得のための重要な環境を提供することがスキナー批判の書評論文で強調されていたテーマであったことも付け加えておきたい。同年代の子供たちの共同体である。

現在の知見に引きつけて解釈するのが無理な部分もあるのは事実である。フンボルトが言語の本質と見なすもののうち、チョムスキーが何度も繰り返し引用しているのは、「有限の手段を無限に活用する」ということである。これは『デカルト派言語学』で言語使用の創造性との関連で引用されるが、『統辞理論の諸相』(Chomsky 1965: chap. 1)や『言語と精神』(Chomsky 1968: chap. 1)では無限の活用が言語使用以前の言語演算システムのことである旨の発言をしている。結局、個人それぞれの言語能力の内実が何かという問いのことを「フンボルトの問題」と名付けている論文(Chomsky 1991)において、言語能力と言語運用をフンボルトがそもそも区別することがなかったという理由で、どちらかに決めようとすること自体が誤りであるという結論を下している。この点に関し、フンボルトのテクストをどう解釈するかの難しさについては『言語の科学』(Chomsky and McGilvray 2012: 63)でも再度取り上げられている。もうひとつ例をあげるならば、原理とパラメータによるアプローチ登場以降の生成文法の観点からは、文法における動詞の役割をフンボルトが重視していることにふれておくのがよいかもしれない。『言語の知識』(Chomsky 1986)では主題役割関係という動詞の意味的側面が投射されることで文構造の重要な部分が決定されるという分析が詳細に論じられている。もちろん、あくまで技術的なこの分析をチョムスキーはフンボルトに結びつけていないし、また、主題役割関係に対応する概念にフンボルトが言及しているわけでもないのでどこまで深読みしてよいかわからないが、数多くの言語に接してその文法の考察に時間を費やしたフンボルトの研鑽が、現在の理解にまで通じる洞察に何らかの形で到達していてもおかしくない。ただ、残念ながら、そうした洞察を形式的に厳密な言語理論に組み込んで提示するための道具立ては二〇世紀半ばの生成文法登場まで待たざるを得なかったのである。分析の技術的細部をここで紹介する余裕はないが、普遍文法の理論を構想する際に必要な概念の整理については先に述べた通りである。言語能力と言語運用の区別にしても、厳密な定式化に際して不可欠な出発点のひとつなのである。生成文法とはフンボルトのいわゆる内的言語形式を具体的な理論として提示したものであると見なせばフンボルトのテクストはある程度解釈しやすくなる、と考えておくのが妥当なところではないだろうか。

言語についての考え方に加えて、フンボルトの政治思想についてチョムスキーが論じていることにも最後にふれておきたい。『デカルト派言語学』で既にフンボルトの政治思想に言及していたのだが、一九六九年に『国家活動の限界』の英訳が出版されたこともあって、一九七三年の政治論集(Chomsky 1973: chap. 9)で、より詳しく紹介している。そこでは、フンボルトの人間観にとっての基本概念である「陶冶(Bildung)」を「個人、共同体、あるいは人類がもつ可能性の最高に調和のとれた開花」とジョン・バロー(Burrow 1969: xviii)がまとめているのに基づき、該当する『国家活動の限界』第二章冒頭を引用する。吉永圭(2009: 175)によるとその最初の一文はフンボルトの最も有名な一文だそうだが、それに続いて、フンボルトは、人間の可能性を現実のものにするために必要不可欠なものとして自由を定義しているのである。国家による私的領域への介入は最小限度に抑えられなければならないとするフンボルトの基本テーゼはここから導かれる。だが、チョムスキーが特に重視しているのは、「探究することと創造すること」(フンボルト 2019 邦訳 104 頁)が人間の本質であるとフンボルトが述べている部分で、これは、内在的な好奇心が行動の動機であるという動物実験の結果が人間についても当てはまるとスキナー批判の書評論文で論じていることと通じ合う。そして、これはさらに労働の意味を考える際に自由の概念と結びつく。「自分で選び取る……のでなければ、仕事は自分の本質とならず、いつまでもなじみのないもののままに留まる」(邦訳 30 頁)とフンボルトが言っている箇所はチョムスキーが複数の論考で引用していて、この意味での自由が今日いかに重要な課題に属するか、端的にうかがえる。国家による介入については、フンボルトが予想もしなかった現代の略奪的資本主義の破壊的側面を中和するためにかえって必要な場合もあるというのがチョムスキーの立場である。市場の自由を謳うイデオロギーの欺瞞性はこれに深く関連する喫緊の問題であり、なおかつ、欺瞞というのは言語行為のひとつに他ならないのだが、本シリーズの心の科学というテーマには収まりきらないものなので新自由主義経済批判の書(Chomsky 1999)を参照されたい。書名がすべてを物語っている。より簡潔にはフンボルトが再登場する『権力と展望』(Chomsky 1996: chap. 4)で論じられている。

紙数も尽きたので、フンボルトの政治思想のバックボーンをなす人間観がその言語研究の背後にもあることをチョムスキーが指摘していることを記して話を結びたいと思う。一九七三年の政治論集には、先に言及したさらなるスキナー批判の論文(Chomsky 1972)や自らのアナーキスト的政治姿勢を明らかにしている他の論考などが収録されていて、それらは頁数にして全体の約三分の一を占めているが、フンボルトの政治思想を取り上げた第九章は「言語と自由」と題されていて、フンボルトに共感しつつ自らを語っている趣がある。言語使用の創造的側面、いわゆるデカルトの問題は、ここに直結するのである。レネバーグの著作も、注の中とはいえ、この章で登場することを付け加えておく。

## 5

以上、個別／特殊と普遍をめぐる構図を解明しようとする理論言語学の流れのあらましということになる。ヒトの心の大きな特徴である言語能力は特殊と普遍の問題が端的にあらわれている自然界の現象であるが、生物の多様性との関連がおそらく明瞭に認識されていたフンボルトの時代から二世紀ほどを経て、われわれはようやく多様性の根本原理にたどりついた。言語については生物についてよりやや遅れたかもしれないが、チョムスキーによるスキナー批判から二〇年で原理とパラメータによるアプローチという見方を手に入れ、多様性の問題はパラメータが与える選択肢を考えることで解決されるという決着を見た。それからさらに四〇年。生物の場合も含め、多様性の問題は、普遍レベルでの未確定要因が存在していて、普遍的なるものが現実世界に立ち現れるときに様々な組合せの可能性の余地が残されていることによって生じると一般化することができるのではなかろうか。普遍文法ということにアレルギーを示すような時代ではもはやなくなっているのである。

# 人間の言語構造の多様性と人類の精神的発展におよぼすその影響について

ヴィルヘルム・フォン・フンボルト

遠藤健樹・佐藤　駿［訳］

ここに訳出されたものは、ヴィルヘルム・フォン・フンボルト(Wilhelm von Humboldt)の一般言語学に関する主著である *Über die Verschiedenheit des menschlichen Sprachbaues und ihren Einfluß auf die geistige Entwicklung des Menschengeschlechts*(いわゆる『カヴィ語研究序説』)からの抜粋で、プロイセン科学アカデミーが出版したフンボルト全集(Wilhelm von Humboldts Gesammelte Schriften)第七巻(一九〇七年)に収められたものを底本として使用した。この版は一九六八年に Walter de Gruyter 社から写真複製による復刻本が出されている。該当頁は、41－65、80－102、250－257の三カ所である。アカデミー版とフンボルトの死の翌年である一八三六年に出版されたものとでは、テクストに異同があるとされる。いずれも遺稿を編集したものである以上、必然の違いと言わざるを得ない。これまでの邦訳としては、岡田隆平による『言語と人間――人間的言語構造の相違性に就て』が一九四一年に冨山房から、亀山健吉による『言語と精神――カヴィ語研究序説』が一九八四年に法政大学出版局から刊行されている。岡田訳は抄訳であるが、ゆまに書房の世界言語学名著選集の第一期第五巻として一九九八年に再刊された。亀山訳は詳細な訳注も加えられた全訳である。英訳は複数あり、ケンブリッジ大学出版局から一九八八年に出された *On Language: The Diversity of Human Language-Structure and its Influence on the Mental Development of Mankind* を監修に際し参考にした。これは、一八三六年版のファクシミリ版が Dümmler 社より一九六〇年に刊行されたのを底本としている。確かに、本書所収の部分でもアカデミー版と異なるところが少し見られるが、フンボルトの考えをたどる上では特に影響を与えないと判断される。一九八八年のケンブリッジ版英訳はドイツ哲学シリーズ中の一巻であったが、解説を入れ替え、副題をやや改めた上で一九九九年に同じくケンブリッジ大学出版局の哲学史シリーズに移行して再刊された。以下、三カ所の訳出部分におけるフンボルトの議論をまとめる。言及している節番号は前述のアカデミー版に付されているもので、訳文テクストにおいては【11】のような形で表示されている。

言語と人間の精神活動は切っても切り離すことができない。言語があってはじめて人間の知性が真に発展することが可能になる。この意味において言語の多様性は精神の働き具合の多様性に他ならない。言語そのものも活動(エネルゲイア)といってよい。こうした人間精神と言語との関係を理解するには、言語形式の概念が必要不可欠である。これは、言語に見られる個別要素を統一する体系として存在し、思考や感覚を音声でもって表現する際に精神の働きが示す一定の指向性として定義することができる。すなわち、細部に対する有機的全体を構成しているものといえる。言語形式に対置される素材が、一方では音声であり、もう一方では思考や感覚ということになる。

言語形式は言語比較の基礎としても機能する。従って、言語の類縁性は言語形式をもとにはかることになり、実際、同系統の民族の言葉には言語形式の類似が見られる。素材である観念や音声に対し、伝統から来る似かよった傾向が支配的であることが同系統の言語における類似性の原因だが、同時に、人類の言語に共通の普遍的性格がこれに与っているという側面もあるだろう。

言語形式にとっての素材は、言語を統合する大きな二つの原理と密接に関連している。そのひとつである音声形式は、言語の多様性を生み出す主たる要因である。互いに鋭く区別される音声には、その無数の組合せによって様々な思考を表象する豊かさがあると同時に、聴覚を介して心を揺さぶる直截性も備わっている。こうした音声の支えによって、思考が主観から出発して客体化され、再び主観へと戻ってくることが可能になる、というのがもうひとつの原理である。この思考の側のプロセスは、他者がいてもいなくても生じるもので、そこにおいて働いている諸法則は人類共通の普遍的なものなのである。

以上のような言語の仕組みの源泉となっている言語能力の成長が、子供の言語習得の背後にはある。どの子供も同じような時期に発話や理解が進むのはそのためであり、たとえ結果として身につけるのが周囲で話されている言葉ということになるにしても、言語が社会環境によってのみ成立するという結論を受け入れる必要はなく、単に言語能力の成長が外的刺激を契機としていることのあらわれにすぎないと考えておけばよい。また、こうしてそれぞれに異なる言語を身につけることで、各言語に付随する独自の世界観を手に入れることにもなる。自然界に見られる法則性と言語に見られる法則性とは相似の関係にあり、言語を通してしか外界を理解・把握することができないからである。

エネルゲイアとしての言語は、常に新しいものを生み出すことのできる鉱脈として存在している。そうした言語が人間にとって外的なものと感じられるとすれば、それは現在までに生じていた言語の作用がもたらす制約にすぎないのであって、人類全体における言語の普遍性を考えると、その制約は個人レベルで働いているだけのことである。言語一般の観点からは、そのような制約も人間精神に由来するものという位置づけになる。過去からの制約を受けているとはいえ、個人は自由な言

語使用という形で誰も気づかないうちに言語変化につながるような働きかけを行っている。（第10節から第14節まで）

各言語の音声形式は前代から受け継いだ既存のものに何らかの手が加えられることによって形成される。その過程で音声形式は内的観念形成に対して優位に立ち、言語の多様性を生み出すことになる。同じことは、言語が目的を達成するための技術という観点からも言うことができる。

音声形式が支えているのは、言語を通した精神の活動であり、そこには内的言語形式というべき法則性が存在する。外的な制約を受けない分だけ、内的言語形式にはかなりの均一性が見られるが、多様性がないわけではない。例えば、ギリシャ語と比較すると、サンスクリット語においてはムードの概念が未発達であることがわかる。概念表示は語の形成という音声形式を取るが、個別対象の表示と一般概念を区別する必要がある。後者は、語の屈折が属している発話の組み立て法則、すなわち諸概念の論理的配列と密接な関係にある。概念とその配列には体系性があって、言語間の比較を可能にする視点を提供する。

音声形式と内的形式の結合によって言語が構成され、この二つのバランスも言語間の違いに貢献する。音声形式と内的形式を有機体としてまとめあげることは必ずしも容易ではなく、そこに欠陥が生じることもある。両者の総合がどれほどうまくいっているかは文芸作品の出来不出来から見て取れる。また、音楽的美しさから言語の完成度をはかることもできる。これらは、有限の手段を無限に活用するという言語の本性と関係しているのである。

概念と音声が結合する単位としての単語も、精神の力による生成と再生成の場である。そのプロセスにおいて概念と音声は分かち難く結びついているため、その結びつきを解きほぐして概念そのものを取り出すことには困難がつきまとうが、個別言語における徹底的な調査を行えば、語彙に含まれる単語の間に見られる関連の糸を概念に即してある程度は認識できるようになるだろう。（第20節から第25節途中まで）

まとめると、言語とは、意識的ではない精神活動から展開して立ち現れてくるものである。その構成原理は内的言語感覚と音声であって、内的言語感覚が全ての言語における均一性を志向する一方で、音声は多様性に傾く。両者相まって多様な言語形式を決定することになる。精神活動にとっての完全な言語形式が屈折型であることは否定し得ないであろう。これ以外では、文法形式を欠く中国語の他に、膠着型と抱合型が言語形式のタイプとして今回の抄訳部分以外のところであげられている。ただ、実際の言語は、どれかひとつのタイプを純粋に体現しているというわけではない。従って、言語形式のタイプにおける優劣はそのまま言語の優劣に置き換えられることにはならない。言語形式のタイプは文形成方式の違いとして認識されるべきもので、優劣もそうしたレベルで捉えておく必要がある。（第35節）

［渡辺　明］

## 言語をより詳しく考察する

【10】人類の原始的な知的形成のなかでは、言語がはじめの段階で必ず登場するものであることがわかった。言語があってはじめて、民族はより高度で人間らしく発展していけるのである。言語は精神の力が受けるのと同じ制約のもとで、その力と共に成長し、同時に精神の力を鼓舞する原理となる。しかし、言語と精神の力は、相前後して働いたり、別々に働いたりするようなものではない。そこで働いているのは、ひとつの同じ知的能力なのである。ある民族が言語を発展させるのは、言語が彼らのあらゆる人間的活動にとって必要な道具だからであるが、彼らが言語を道具として見ることをやめ、何か異なるもの、つまり道具以上のものを求めてこれを手に入れるとしたら、民族の精神が言語の発展に自由を吹き込むからである。さらに、詩の創作や心をめぐらす思索が行われるようになると、それは再び言語そのものに影響を与えずにはいない。人間が行う最初の知的努力を、たとえそれが荒削りで粗野な試みであったとしても「文芸」と呼ぶとすれば、言語はつねに文芸と歩みを共にし、互いに分かちがたく結びついているのである。

民族における精神特性と言語形成は、一方から他方を完全に導き出すことができるほど互いに密接に結びついている。というのも、知性と言語はお互いに認めあった形式だけを許容し促進するからである。言語とは、いわば民族の精神が外に現れ出たものである。民族の言語は民族の精神であり、民族の精神は民族の言語なのである。言語と精神は同一のものと考えても、決して行き過ぎということにはならない。言語と精神が互いに手をたずさえて、一つの同じ源――我々の理解の及ばない源――からどのように生じてくるのかは依然としてわからない。とはいえ、言語と精神のどちらに優位があるかを決定するには及ばない。民族の持つ精神の力が言語の多様性を説明する真の原理であり、またこれを規定する真の根拠であることははっきりしている。というのも、生き生きと自立した姿で我々に対峙するのは民族の精神の力だけであり、言語はそれに付随しているに過ぎないからである。確かに、言語が創造的な力をもって、それ自体として我々のまえに現れることもある。しかしその場合、言語は現象の領域をとびこえて理念的存在のうちに姿を消してしまう。我々が歴史学的に研究対象として関わりうるのは実際に言葉を話している人間だけであるが、だからといって言語と精神のあいだに成り立つ真の関係を見失ってはならない。知性と言語を切り離して考えることがあったとしても、実際はそのような区別など存在しないのである。言語が、人の作り出したもの、精神によって作り出された他のものと同列であるどころか、そう見なすにはあまりに高尚な何かに思われるのはそれなりに正しい。しかし、人間の精神の力が単に個々の現象として出会われるのではなく、そうした力の本質そのものが計り知れない深淵のなかで我々に光を投げかけ、人間の個性の置かれた脈絡を見通せるようになれば、そうした印象も変わってくるだろう。言語もまた個々人の区別を超越したものだからである。いずれにせよ、実際の研究にとって特に重要なのは、言語を説明するに際してお粗末な原理に満足することなく、先に述べておいた、言語の多様性は精神の力に由来するというあの最高の究極的原理に立脚せねばならないということである。人類が持つ言語の構造が様々であるのは民族の精神特性そのものが多様だからであり、またそのかぎりにおいてであるというこの命題は、精神の行う形成作用全般にあてはまる揺るぎのないことがらとして銘記しなければならない。

しかし、言語構造が個別に示す形態上の多様性に立ち入って考察せねばならないとなると、民族の精神特性をまずそれだけ分離して研究したのち、その成果を言語の性質を記述する手がかりとして利用しようなどというのは無理な相談と言わざるを得ない。目下の考察がそうであるように、我々が古い時代に遡っていかねばならない場合には、そもそも民族というものを知るためにその言語を手立てとするよりほかにない。さらに、民族というものは系統関係や姻戚関係によって変動するのであって、どの言語にどの民族を対応させるべきかさえ厳密にはわからないのである。だから、たとえばゼンド語はある民族の言語ではあるが、その民族を詳しく特徴づけようとすれば推測に頼るしかないことになる。民族の精神と性格を認識する手がかりとなるそのあらわれには様々なものがあるが、この両者の内奥に分け入って事細かに説明しようとするなら、言語ほど適格なものはない。したがって、精神が次々と発展していくさまを説明する礎として言語を用いるとすれば、それが知的な特性から発生したものであると考えねばならないのは当然のこと、さらにそうした特性そのものが各々の言語構造に照らして探究されねばならないのである。だから、ここではじめられた考察がそれなりの完結を見るためには、諸言語の性質について、またそれら言語が翻って精神に及ぼす影響の可能性について、より綿密に検討することが求められる。こうして、言語の比較研究をその究極的かつ最高の原理に結びつけておかねばならないのである。

## 言語の形式

【11】先に素描された仕方で言語研究を首尾よく進めるためには、それに相応しい独自の観点を取る必要がある。すなわち、言語は産出活動そのものであって、すでに生気を失ったその産物と見なしてはならない。また、言語は対象に名前を与えるものだとか、理解を伝えるものだなどと考えてかかってはならない。むしろ、言語が内的な精神活動と緊密に絡み合っているその起源、その相互の影響関係に注意深く立ち返らなければならないのである。ここ二、三十年のあいだに数々の努力が実を結び、言語の研究はようやくその全体像を見せはじめている。人類のなかで様々に分断、孤立させられ、そして結びつけられてきた民族集団において、言語の産出活動がその仕事をなしとげる道行をひとつひとつ辿っていくという課題も、ようやくその緒についた。人間の言語構造に違いが生じてくる原因も、このような違いが精神の発展過程に及ぼす影響も、つまりは我々の研究対象のすべてがこの道行の一部なのである。

だが、こうした研究に一歩踏み込むやいなや重大な困難が行く手を阻む。言語は、語、規則、類推、各種の例外といった無数の細々したことで溢れかえっている。既存の秩序があるにはあるが、この個別の要素の集まりは、全体としてはどう手をつけてよいかわからないような無秩序状態にあるようにも見える。こうした集まりを、人間の精神の力というイメージの持つ統一に照らしてどう評価し、どう比較すればよいのだろうか。たとえば、二つの重要な語族、サンスクリット語族とセム語族の語彙や文法について、必要なことを細部にわたってすべて知っていたとしよう。それでも、二つの語族を有意義に比較したり、民族の精神的な力に対する言語の関係を考慮しながら二つの語族が言語の産出活動一般において占めるそれ相応の位置を見定めたりして、二つの語族が持つ性格を要約的にまとめ上げることができるようになるには、まだ不十分なのである。そのためには、両言語の特徴に共通する起源を探し出し、ばらばらな特色を有機的な全体像にまとめ上げなければならない。そうしてはじめて、事細かな要素を究明する手がかりも手に入るのである。だから、様々な言語をその特徴的な構造に注目し、相互に比較してそれなりの成果をあげるためには、それぞれの言語の形式を注意深く調べなければならないし、言語のあらゆる産出活動に際して課題として与えられている主要な問題をそれぞれの言語がどう解決しているのか確認しなければならない。それにしても、この「形式」という表現は言語研究において様々な文脈で用いられているので、少し詳しく説明しておく必要があるだろう。とりわけ、我々は言語一般についてではなく、様々に異なった民族集団について論じているのだし、一方で語族と、他方で方言と対比したときひとつの個別言語というものをどう解釈すればよいのか、また、同じ言語でもその閲歴において根本的な変化をこうむる場合に、ひとつの言語というものをどう考えればよいのか、といった問題も避けて通るわけにはいかない。そうである以上、「形式」という表現をここではどういう意味で理解してもらいたいか、ぜひとも述べておかねばならない。

【12】絶えず刻々と移り変わっていくのが言語本来の姿である。文字が言語を保護するとはいっても、保存されて残るのは不完全でミイラのようなものだけであり、人の口にのぼる生きた姿を描くようあ

らためて努めなければならない。言語そのものは、出来上がった作品（エルゴン）というよりは活動（エネルゲイア）である。それゆえ、言語はそれが生成するありさまに即して定義されねばならない。すなわち、言語とは、分節化された音声が思考を表現するものとなるように果てしなく繰り返される精神の働きである。そのまま厳密に受け取れば、これはそのつど行われる発話（Sprechen）の定義であるが、本質的な意味では、こうした発話のいわば総体のみを言語と見なすこともできる。普通、我々は語や規則が秩序なく集まった全体を「言語」と呼びならわしている。しかし、そうしたもののなかに見出されるのは、そのつどの発話によって伝えられるばらばらのものに過ぎず、決してそれだけで完全というわけではない。そこから生きた発話のあり方を知り、生き生きとした言語の真のイメージを得ようと思えば、あらためて精神の働きも必要となるのである。生きた言語という至高のもの、最も妙なるものが、こうしたばらばらの諸要素だけから見てとられることなどありえない。それは、こうした諸要素を結びつけて行われる発話のなかでしか感知されたり予感されたりしないのである。言語とは本来、現実の産出活動（Actus）のなかに存在するものだということが、こうしていよいよはっきりする。一般的に言って、言語の生き生きとした本質に迫ろうとする研究はすべて、発話こそ真の本性であり、本来のあり方であると常に考えねばならない。学問的な分析がこれを様々な語や規則に分解してしまえば、生気を奪われたこしらえ物しか残らないのである。

精神の存在はその活動状態においてのみ、また活動としてのみ考えられねばならない。そうである以上、言語が精神の活動であるとするのは全く正しい。しかも、言語構造を分析するという言語の研究に不可欠の方法は、言語を特定の手段によって特定の目的へと向かう手続きであると考え、その限りで言語は実際に民族によって作られたものと見なすよう強いてくる。ここで起きうる誤解については、すでに十分に予防線を張っておいたから、(1)こう言ったからといって、真実が歪められるおそれはあるまい。

すでに前もって〔原著〕39頁〕注意しておいたように、言語の研究に携わることによって、こう言ってよいなら、我々は歴史の渦中に投げ込まれる。既知のどの民族も言語も、原初のものだと考えることはできない。どんな言語も、より古い世代に由来する素材を我々の知らない先史時代からすでに受け継いでいる。したがって、思考の表現を作り出す精神の活動は、「作り出す」とは言っても、ゼロから生み出すというより、あらかじめ与えられているものを作り変えるように働くのである。

さて、この精神の働きは一定で均一である。というのも、ここで働く精神の力はどこでも同一であり、人によってある程度の違いがあるにしても、一定の限度内に収まっているからである。また、精神の力は合意を目指す。だから、他人に話しかけるときには、同じ状況下で彼が自分に話をするのと違った仕方で話してはならないのである。最後に、結局伝承されてきた素材は、単に同一なものというより、同じ起源を持つもの、精神の指向と完全な類縁性を持つものである。分節化された音声を思考の表現に高める精神のこうした働きに一定で均一なものが見出されるとき、これを可能なかぎり完全にその連関において把握し、体系的に提示すれば、それが言語形式ということになる。

このように定義すると、言語形式なるものはいかにも学問的な抽象概念にしか思われないかもしれない。しかし、言語形式など実際には存在していない、頭のなかで考えられただけのものだ、などと見なすのは間違いだろう。事実、言語形式は、民族が思想や感覚に言語における確かな手応えを与えようとする独特の衝動なのであって、それは確かに存在し生き生きと働いているのである。にもかかわらず、我々には当の衝動の努力の全体を切れ目なしに見通すことができず、ただそのつどの個別の作用として捉えることしか許されていない。そのため、こうした衝動がどこでも同じように働いているそのありさまに注目して、言語形式などという生気を欠いた一般概念で要約することしかできないのである。

まさしくこの点で、言語の研究は、それが重要で洗練されたものであればあるほど、往々にして困難に直面する。つまり、言語の全体的な印象から我々が受け取るものは、どれだけはっきりと、確信を持ってそれを感じることができたとしても、細部にわたって十分な説明を加えたり、特定の概念に仕立てあげたりしようとすると、どうしてもうまくいかないのである。ここではこういう問題とも格闘しなければならない。言語に特有の形式は、その言語を構成しているどんなに小さな要素一つ一つによってでも左右される。逆にこうした要素の方も、個別には目立たないかもしれないが、言語形式によってなんらかの仕方で規定されている。とはいえ、言語形式が個別要素とどこかで決定的に結びついていると考え、その接点を見出そうとしても、そうしたことはまず不可能である。ある所与の言語を徹底的に精査しても、そこに見出されるのは、当の言語形式の本質を損なうことなく全く別様にも考えることができてしまうものばかりなのだ。ひるがえって、言語形式を純粋にそれだけ切り出そうとすると、結局は最初の全体的印象に連れ戻されてしまう。ところがそうすると、意外なことに、ただちに見えてくるものがある。つまり、ある言語が持つ鮮烈な個性がはっきりと見えてきて、抗いようもなく感情をとらえるのである。この点で、言語を人間の顔貌と比較するのもあながち不当とは言えない。個性はいやおうなしに顔に現れ、誰かと誰かの人相が似ていればそれとすぐわかる。しかし、個々の部分を別々に、あるいは互いに関係づけて計測したり記述したからといって、その特質をひとつの概念に要約できるわけではない。個性は全体に宿り、かつ個別に把握されるのである。だからこそ、人相は人によって受け取りかたが違う。言語は、どのような形態のものであろうとも、それぞれの民族が独自に営む生活の精神的息吹であって、全体と個性は言語においても合致せざるをえない。つまり、言語のなかでどれほど多くのものを撚り合わせ、肉付けしたり、切り離して、ばらばらにしたりしても、そこにはいつもなにか不可知のものが残るのである。まさにこのような分析をすり抜けてしまうもののおかげで、言語は統一体として存在し、生けるものの息吹となっているのだ。言語とはそういうものであるから、ここで論じられている意味での言語形式についても決して完全な説明が与えられるわけではなく、せいぜい言語の全体像を見通すことができればそれで満足するよりほかない。とはいえ、言語の秘密を追い求め、その本質を解き明かしてやろうと望むのであれば必ずや辿らなければならない道筋が、この概念によって言語研究者に指し示されることになる。この道筋を無視すれば、研究のうえで多くの重要な事柄は間違いなく見逃されてしまい、実際には解明できる多くのことが説明されずに放置され、生き生きとしたつながりを持ったものもつながりがないものと勘違いされてしまう。

言語形式とはいわゆる文法形式のことであるなどと単純に考えてはならない。これは先に述べてきたことから明らかである。我々は文法と語彙目録を区別しがちであるが、そうした区別は言語学習のために役立つに過ぎず、まっとうな言語研究の範囲を示すものでもなければ、その規範を設定するものでもない。言語形式という概念は発話の組み立て規則を超えているし、能動、受動、実体、属性などといった一般的な論理カテゴリーを語根や基本語に適用することが語形成であるとすれば、語形成すら超えている。基本語(Grundwörter)の形成そのものについてさえ言語形式を語ることができるし、言語の本質を真に認識しなければならないと考えるなら、可能なかぎり実際にそうしなければならないのである。

形式に対置されるのはもちろん素材である。しかし、言語形式に対する素材を見つけるには、言語の境界を越え出ていかなければならない。その内側では、たとえば語形変化に対する基本語がそうであるように、何かが素材であるのは単に相対的に見てのことでしかない。ここで素材であるものも、別の関連においては今度は形式と見なされるのである。ある言語が外国語から語を借用して、実際に素材として扱うこともある、だが、これが素材だというのもこの語を借用した言語との関係においてのことであって、それ自体で素材だというのではない。絶対的に見れば、言語のなかには形式を持つにいたっていない素材などというものはない。というのは、言語においては全てがある特定の目的、すなわち思考の表現であることを目指しており、その最初の要素、すなわち、まさしく形式を与えられることによって分節化された音声からしてこの活動はすでにはじまっているからである。言語における本当の素材とは、一方では音声一般ということになるが、他方では感性的印象、および、言語の助けを借りてなされる概念形成に先行する精神の自発的活動からなる全体ということになる。

それゆえ、ある言語の形式についてイメージを持つには、まずなによりも音声の実際の特徴に注目しなければならないことは明らかである。言語形式の研究はアルファベットからはじまるが、研究のどの段階でもアルファベットは最も重要な基礎として扱われる。そもそも形式という概念は、事実的なもの、個性的なものを排除するわけではなく、歴史的根拠によってしか確定できないものも、このうえもなく個性的なものも、すべて一緒に含んでいる。この形式という道を辿る場合にのみ、言語を構成するあらゆる細かな要素を確実に研究に取り込めるほどである。さもなければ、それは容易に見逃されてしまう危険に陥る。こういった基礎研究は、確かに微に入り細を穿つような骨が折れる作業になることもある。しかし、それ自体としては全く取るに足りない細部があってはじめて言語の全体的印象が成り立つのであるから、言語のうちに偉大なもの、精神的なもの、支配的なものだけを見つけようとすることほど、言語の研究にそぐわないものはない。精妙な文法の仕組みに立ち入って正確に分析したり、単語をその要素へと分解したりすることは、言語について間違った判断を下さないためにはぜひとも必要である。ただ、どんな個別の細部も、孤立した事実としてではなく、言語形成の方法を発見する手がかりとなる限りで言語形式の概念に寄与するのは言うまでもない。言語形式を明らかにすることによって我々が認識しなければならないのは、言語やその言語を話す民族が思考表現のために辿った独自の道筋である。我々は、言語が他の言語に対してどのような関係にあるのかを、当の言語に課せられた特定の目的という観点からも、また言語が民族の精神の活動に逆に及ぼす影響という観点からも、見通すことができなければならない。形式に対して素材と見なされる個別的な言語要素を、精神的な統一のうちで把握する点にこそ、まさしく言語形式の本性がある。あらゆる言語にそうした統一があり、この全体としての統一によってはじめて、民族は先祖から受け継いだ言語を自分自身のものとする。したがって、まさにこうした同じ統一が言語形式を解き明かす際には再び発見されなければならない。散在している要素からこうした統一へと昇りつめてはじめて、言語を本当に理解したと言えるのである。このような手順で進まなければ、おのおのの要素を本来の特性において理解せず、そうした要素を本来の連関において理解することさえしないという危険を冒すことになるからである。

あらかじめ注意しておきたいが、言語間における同一性や類縁性は、言語形式の同一性や類縁性に基づかねばならない。結果はただ原因とのみ等しくありうるからである。したがって、ある言語がどの語族に属するのかを決定するのは言語形式だけである。これはもちろん、カヴィ語についても言える。カヴィ語がサンスクリット語からどれほど多くの単語を取り入れているとしても、この言語がマレー語系の言語であることに変わりはない。幾つもの言語の形式が、ひとつのより普遍的な形式のうちにまとめられることもある。実際、単に最も普遍的なものだけから出発すれば、あらゆる言語がひとつの普遍的な形式を持つと言えるのである。たとえば、概念を表示したり発話を組み立てたりするために必要な表象間の結びつきや関係、定められた数の分節化された音声だけを許容する音域や仕組みを持つ発声器官の均一性、そして最後に、それぞれの子音・母音と特定の感覚印象とのあいだの関係――つまり、語族として類縁関係がなくても同じ記号を用いるようになるといった関係――、こうしたものの普遍性を考えてみればよい。言語における個別化があまりにも見事に普遍的な一致の範囲内に収まっているので、全人類が持っているのはたったひとつの言語だと主張することも、それぞれの人間は個々に何かしらの言語を持っているのだと主張することも、同じ程度には正しいのである。ところで、密接に関連し合う類比によって結びつけられている言語上の類似性のなかでは、やはり民族が同系統に属することに由来するものが際立っている。複数の言語が同系統だという仮説を確証するのに、歴史的事実によってはどうしても説明がつかない場合、どの程度の、またどのような性質の類似性がなければならないのかが問題となる。しかし、これについてはいまは論じないでおく。ここではただ、これまで詳しく述べてきた言語形式という概念を、同じ語族に属する複数の言語に当てはめて考えてみよう。そうすると、いま述べてきたことからするなら当然、ある語族に属している個々の言語の形式は語族全体の形式のなかに再発見されるはずだということになる。それら個々の言語に、語族の普遍的形式にそぐわないものが含まれていることなどありえない。むしろ、それら言語の特徴はどれもなんらかの形で普遍的形式のうちに示唆されているのがわかるはずである。また、どんな語族にも、その語族の原初的な形式をより純粋で完全な形で残しているような言語がおそらくある。というのも、ここで問題にしているのは、実際に与えられている素材(この素材という用語がつねに相対的に理解されねばならないことはすでに説明した)が、厳密な証明ができることなど滅多にないにしても一定の順序を辿って、ある民族から別の民族へと受け継がれ、変形されるようにして次々に生じてきた言語だけだからである。変形をもたらす精神の力の表象のしかたや、観念の指向が似かよっており、発声器官や伝統的な発音の慣習が同じで、さらに、数多くの歴史上の外的影響が重なり合っているような場合、素材の変形はよく似たものにならざるをえないのである。

## 言語一般の本性と特質

【13】言語の相違は言語形式に基づき、また、言語形式は民族の精神的性向や、言語が産出されたり新たに理解されたりするときに当の民族に行き渡っている力と密接に結びついている。それゆえ、これらの概念についてもっと詳しい説明を加え、少なくとも言語が発展していく主な方向のうちのいくつかをもう少し追究しなければならない。ここでは、そのなかでも最も重要なものをとりあげ、いかにして内的な力が言語に働きかけ、またその逆のことが起こるのかを明らかにしてみよう。

言語一般について思索をめぐらしたり、個別の言語を分析していると、二つの原理が互いにはっきり区別される形で明らかになってくる。すなわち、音声形式と、対象に名称を付与し思考を結合するための音声の使用である。後者、つまり音声の使用法の方は、思考が言語に課している様々な要求に応えるものであり、この要求から言語の普遍的な諸法則が生じる。こういう部分は、固有の精神的素質やその後の様々な発展の特徴に至るまで、基本的な方向性に関してはあらゆる人間において同一である。これに対して音声形式の方は、それ自体としても、また、この形式が内的な言語性向に働きかける促進力ないし抑制力の点からみても、言語の多様性を本来的に構成し導いていく原理である。音声形式は、人間の有機組織全体のうちで内的な精神の力と密接に結びついている部分であって、当然のことながら民族全体の素質と関係している。これがどういった結びつきで、どのような基礎を持つのかは、解明をほとんど許さない闇に閉ざされている。これら二つの原理が互いに密接に浸透し合った状態から各言語固有の形式が生まれてくるのであって、言語分析はこの二つの原理を追究し、それらを関連づけて描き出さねばならない。ここで不可欠なのは、言語やその起源の深さ、さらにはその射程の広さについての正しく適切な見方をこのプロジェクトの基盤に据えることである。いま少し立ち止まって、その探究にあたることにしよう。

【14】ここで私は言語を、発話や語要素の持ち合わせといった、言語活動の直接の所産に関係させるだけでなく、思考能力や感覚能力とも関連させて、最大限に幅広く理解することにする。つまり、言語が精神から出発して精神へ帰る全行程を考察する。

言語は思考形成の器官である。知的活動はどこまでも精神的で、どこまでも内的なものであって、いわば跡形もなく消えてしまうが、音声を介して発話のなかで外化され感知可能になる。知的活動は言語と一体をなしており、互いに切り離すことができるようなものではない。知的活動それ自体に言語音声と結びつく必然性が具わっているのであって、さもなければ思考は明晰にならないし、表象も概念にならない。思考、発声器官、聴覚が言語と分かち難く結びついていることは、人間本性に変えようもない形で根ざしており、これをさらに解き明かすことは不可能である。とはいえ、音声と思考の一致は一目瞭然である。思考が、まるで稲妻や衝撃のごとく、表象力をすべて一点に集めて、同時に存在している他のものをいっさい寄せつけないのと同じように、音声は一刀両断の鋭さと統一感をもって鳴り響く。思考が心情全体をとらえるのと同じように、音声は心にしみ入って全神経を揺さぶる力を持つ。音声を他のあらゆる感覚印象から隔てるこのような違いは、明らかに、耳がある動きの印象を受け取ること(他の感官では常にというわけにはいかないか、あるいはそもそもそういったことが起きない)、声として発せられた音の場合には実際になされた行為の印象を受け取ることに由来する。こうした行為は生物の内部から発し、思考する生物では分節化された音声という形で、感覚を持つだけの生物では分節化されていない音声という形で生じる。最も人間らしい思考が暗闇から光へ、有限から無限へと向かう憧憬であるように、音声は胸の奥底から外へ向かってほとばしり、そこでみずからに驚くほど適合する媒体である空気を見出す。空気は、あらゆる基本物質のなかでも最も繊細で、最も容易に動かすことができるが、その一見して物体的な性格を持たないところが、感覚媒体としても精神に適っている。言語音声の手を切りそうな鋭さは、悟性が様々な対象を把握するのに不可欠である。外界の自然のうちにある事物も、内面のうちで引き起こされた活動も、無数の特徴を伴って人間に一気に迫ってくるものである。人間はそれらを比較し、区別し、結合しようとするが、最終的にはもっと包括的な統一を形づくろうと努力する。だからまた、人間は様々な対象を一定の統一のもとで理解しようとし、その代理を音声の統一に求めるのである。しかし、音声は対象が外的感官・内的感官に与える他の印象を何も排除したりはしない。むしろ、そうした感覚印象を一手に引き受けるのである。しかも、個々の音声の性質は、対象の性質と、まさに語り手の個々の感性が対象をどう捉えるかに従って、絡み合っている。かくして、音声はこうした個々の性質を通じて新たな際だった印象を付け加えもしている。さらに、音声の鋭さには、はっきりと区別され、結びついても入り混じりはしないような諸々のバリエーションを持つ表象を前にしても、それを受け止めるだけの余裕がたっぷりとある。これは他の感覚作用にはとても比肩できるものではない。そもそも、知的努力というものは、悟性だけを働かせるのではなく、人間全体を突き動かすものであるから、これもまたとりわけ声として発せられた音声によって促進されるのである。実際、声は生気をもった響きとして、それ自身が息をする生物そのものであるかのように胸のうちから湧き上がってくるのであり、たとえ言葉にならなくても、痛みや喜び、嫌悪や欲望に伴うものなのである。声はみずからの源泉である生命を、受け手としての感覚へと吹き込む。ちょうど言語そのものが、対象によって喚起された感覚を、対象を描写することによって常に同時に再現し、そうした活動を繰り返して世界と人間、別の言い方をすれば、人間の自発的活動と受容性をみずからのうちで結びつけるのと同じようにである。最後に、人間以外の動物には認められない直立姿勢が言語音声に適していることが指摘できよう。人間は、いわば言語音声に促されて立ち上がったようなものである。言葉を発しても、それが地面にあたってしまえば響くことなく消えさってしまう。言葉は、口から離れ、それを伝えようとしている相手に注ぎ込まれ、眼差し、表情、手振りといったものにつきそわれることを要求する。そうして、人間を人間として特徴づけるあらゆるものによって囲まれることを望むのである。

このように、精神の様々な活動に対して音声がいかに適しているかを少しまとめて考察しておくと、思考と言語の連関にさらに詳しく立ち入ることができるようになる。主観の活動とは、思考内に客体を作り出すものであって、いかなる種類の表象も、すでに存在している対象を単に受容して観察したものと見なすことはできない。感官の活動は、精神の内的な営為と統合的に結びつかねばならないのである。表象はこうした結びつきから切り離されれば、主観の力に対する客体となるが、新たにそれとして知覚されると、再び主観的活動へ戻ってくる。しかし、そのためには言語が不可欠である。というのも、精神の努力が言語の形で口を通って姿を現すことにより、その努力の結果は自分の耳へ戻ってくるからである。このようにして表象は真の客観性へと転換されるのだが、だからといって主観性を失ってしまうわけでもない。こうしたことが可能なのは、ひとえに言語のおかげである。言語の協力のもと、実際には沈黙している場合であっても客観へと転換し主観に戻ってくるということが常に生じているのでなければ、概念の形成、つまりどんな真の思考も不可能である。だから言語は、人と人のコミュニケーションはもちろんのこと、他人から切り離されて孤独な状態にある個人が思考するためにも必要な条件ということになる。とはいえ、見たところ、言語は社会的にしか発達せず、自分が口にする言葉が他者にとって理解可能であることを試してみて、はじめて人間は自分の言っていることを理解するようである。自分の形成した語が他者の口から再び発せられる場合に、その客観性が高まるものなのである。しかし、人間はいつでも他の人間とひとつであると感じているから、これによって主観性から何かが奪いとられたなどということにはならない。むしろ、言語へと姿を変えた表象は、もはや一個の主体に排他的に属するものではなくなったのだから、主観性もまた強化されているのである。主観性は他の主観性へと伝達されることで、人類全体に共通するものと結びつく。個々人は他者を介してより完全なものになろうとする欲求を持ちつつ、この共通のものからそれぞれなりのものを引き出してくるのである。言語が社会的な共同作業から大きく活発な影響をこうむると、他の状況に変わりがなかったとしても、それだけ言語は多くのものを手にする。言語が思考の産出という単純活動のなかで必ず行っていることは、人間の精神生活のなかで絶え間なく繰り返されているわけだが、言語を通じた社会的コミュニケーションは、この活動に確信と刺激を与えるのである。思考の力はみずからと似たものを必要とすると同時に、みずからとは異なったものも必要としている。思考の力は、みずからと似たものにより点火され、みずからとは異なったものにより自身の内的産出活動がどれほどのものかを質す試金石を手にするのである。人間にとって真理ないし無条件に確実なものを認識する根拠はみずからの内にしかないとはいえ、真理を目指して人間が行う精神的苦闘は思い違いをするおそれに常におおわれている。それどころか、人間というものの移ろいやすい有限性がはっきりと身をもって感じられるだけで、人間は真理が自分の外側にあると見なさざるをえなくなるものである。だから、真理に接近し、自分と真理を隔てる距離を測る最も有力な手段のひとつは、他者との社会的コミュニケーションだということになる。発話するということはいつでも、たとえどんなに単純なものであっても、それぞれが感覚したものを人類共通の本性に結びつける作業なのである。

言葉を聞いて理解するときも事情は同じである。心のなかには心の活動によって存在するものしかなく、理解することも話すことも、言語の同じ力の異なる働きである。人々が語り合うのは、素材をやりとりするのとは全くちがう。理解する人のなかにも語る人のなかにも、同じものがそれぞれの内的な力から展開してこなければならないのである。また、理解する側の人が受けとるのは、自分と調和する刺激だけである。だから、たったいま理解したことをすぐさまもう一度口に出すのは、人間にとってとても自然なことなのである。このように、言語はその全範囲にわたってあらゆる人間のなかに存在している。しかしそれは、人間であれば誰にも、外的ないし内的な誘因に従って、徐々に言語全体を声に出し、またそうなった場合にはそれを理解しようとする衝動が具わっているということに他ならない。そしてこの衝動は、ある特定の仕方で調整された精神の力によって突き動かされたり、制限されたりして制御されている。

理解が内的な自発性に基づくものであること、そして社会的な発話は単に聞き手の言語能力を相互に喚起し合うのとは違うものだということは、たったいま確かめたように、個々人の多様性のなかにも人間本性としての統一があるのでなければ不可能だろう。この統一は別々の個人へと分割されているだけなのである。語を概念的に把握することは、分節化されていない音声を聞いて理解するのとは全く異なるし、また単に音声とそれによって指し示された対象が互いを喚起し合うというような関係よりもはるかに多くのことが関わっている。なるほど、語は不可分の全体として受け取ることもできる。これは、アルファベット上の構成がはっきりしなくても、文章のなかでは句の意味が認識できるのと同様である。理解の最初期の段階では、子供の心も同じように働いているかもしれない。しかし、単に動物的な感覚能力ではなく、人間的な言語の力が活性化されるにつれ(子供の場合であっても、どれほど弱くても、こうしたことが常に起きているのだと考えられる)、語は分節化されたものとして聞き取られるようになるのである。さて、分節化は単に語の意味を呼び出すだけではない(もちろん、分節化によって語の意味はより完璧に呼び出されるわけだが)。分節化はさらに、語を直接その形式を通して無限の全体、すなわちある言語の一部として提示するのである。というのも、個々の語のなかでさえ行われる分節化のおかげで、そうした語という要素から一定の感情や法則に従って数えきれないほど多く別の語を作り出す可能性が出てくるし、あらゆる語のあいだに概念の類縁性に対応した類縁性を打ち立てる可能性も出てくるからである。こうした可能性を現実のものとする力が心に具わっていなかったら、心がこの精妙なメカニズムに気づくなどということは望むべくもなかっただろうし、盲目の人が色を把握しないように、分節化を把握することもなかったであろう。言語というものは、単にそこにあってその全体を見渡せたり次々と伝達できたりするような素材と見なすことはできず、むしろ永遠に産出し続ける何物かと見なさなければならない。ただし、その産出活動の法則は決まっているものの、その範囲や、ある程度までは産出の仕方でさえも完全に未規定なのであるが。子供の言語学習とは、様々な単語を分類し、記憶にとどめておいて、たどたどしく口の端に載せることなどではなく、年齢や訓練とともに言語能力が成長していくことである。そこで聞き取られたものは、単に何かを伝達するだけではない。それは、これまで耳にしたことのないものを心がより簡単に理解できるようにするし、ずっと以前に聞きはしたが、そのときは半分しか、あるいは全く理解できなかったものを明瞭にする。以前より鋭くなった言語能力に、かつて聞いたものといま聞き取ったばかりのものとの類似性が閃くからである。また、聞き取ったことをますます多く、素早く記憶し、単なる音の響きとして聞き逃してしまうことがないようにする衝動と能力も研ぎ澄まされる。したがって、学習進展のペースは、単に語を覚えるのとは違い、記憶力を強化しさえすればそれに応じてはやくなるというものではない。むしろ、言語力の向上と素材の獲得が互いを強化・拡張し合うことにより、恒常的に高まっていくのである。子供に生じているのが言語の機械的な学習ではなく、言語力の成長だということは、次のことからも立証される。つまり、人間の主だった能力にはそれが発達するのに適した時期というものがあるが、子供はそれぞれに違う境遇におかれていても、みなだいたい同じ年齢に達すると話したり理解したりするようになるということである。聞き手の能力は他とは無関係に成長し、話されたことを今度は自分で自由に扱うことができるようになるのにそれ以上のことを必要としない。では、どうしてこんなことが可能なのだろうか。それが可能なのは、語り手と聞き手のなかに同じ本質が含まれているからとしか考えようがない。同じ本質が、語り手と聞き手それぞれに、しかし互いに呼応するように分離している。だから、その本質の奥底、本質そのものから作り出された精妙極まる記号が、たとえば分節化された音声があれば、語り手と聞き手が同じやり方でふるまうよう促されるのに十分なのである。

次のような反論を試みる人がいるかもしれない。どの民族の子供も、まだ話しはじめる前に他の民族のところに連れていかれると、自分の言語能力をその民族の言語に合わせて発達させる。この否定できない事実は、言語とは自分の聞いたことを再現したものに過ぎず、人間の本質における統一と多様性を考えるまでもなく、ただ社会的交流によってのみ成り立つものだということを証明している、と。だが、こうしたケースでは、子供のもとの素地がどれほど苦労して克服されねばならなかったのかとか、その素地が極めて微妙な点ではなお克服されずに残存しているかもしれないといったことに細かな注意が払われていない。それに、別にこうした点を取り上げなくとも、先に述べた現象は、人間はどこにいようと他の人間たちと一緒にいること、それゆえ言語能力は居合わせた個々人の助けを借りて発達するということから十分に説明がつく。言語能力が、何に劣らず自分自身の内側から生じてくるものであることに変わりはない。言語能力が、たまたま経験したものと似たものにならざるをえないのは、それがいつも同時に外的な刺激を必要としているからであるに過ぎない。そして、こうしたことが可能なのも、人間の言語には総じて一致があるからなのである。とはいえ、系統関係(Abstammung)が言語に対してその力を揮うことも確かであって、それは言語が民族ごとに分かれているという点に明瞭に見て取れる。系統関係が民族の個性全体に及ぼす力は非常に大きく、こうした個性と各々の言語は極めて密接に結びついているのだから、これもまた当然であろう。言語が、人間の奥深い本質に発するその起源によって、自然に与えられた系統関係との正真正銘の結びつきを得るのでないとしたら、どうして祖国の言語は、教養のある人ない人を問わず、他国の言葉に比べてはるかに強く、親密なものでありえようか。それは、長いあいだ耳にせずにいると、にわかにある種の魔力をもって親しげに聞こえてきたり、遠い土地にあっては憧憬の念を呼び起こしたりするのである。こうしたことが言語のうちなる精神的なもの、表現された思考とか感情といったものにではなく、それ以上は説明のつかない個性的なもの、つまり、言語における音声に起因することは明らかである。母語の音声を聞くことは、我々にとって、いわば自分たち自身の一部を耳にするようなものなのである。

言語によって産出されたものを検討してみても、言語とは別途あらかじめ知覚された対象を表示するものに過ぎない、などという考え方は支持できない。こういう考え方をしていては、言語の深く豊かな内容を汲み尽くすことなど決してできないであろう。言語がなければいかなる概念も可能ではないし、いかなる対象も心にとって存在しない。なぜなら、どのような外界の物体にしても、概念によって媒介されなければ、申し分のない実体性を心に対して持つことはできないからである。しかし、言語の形成と言語の使用には、対象をとらえる主観的知覚様式の全体が必然的に流れ込んでいる。まさに語はこのような知覚から生じてくるからであり、対象そのものの写し絵というよりは、対象によって心のなかに作られた形象の再現だからである。どんな客観の知覚にも避けがたく主観が混じってしまう以上は、言語の話を一旦脇に置いておいたとしても、人間の個性はすべて、世界を眺望する独自の立脚点なのだと考えることができる。だが、そうなるのも言語によるところがはなはだ大きい。というのも、あとで確認するように、語はそれ自身に意味を帯びることにより、心に対して再び客体となり、新たな特性を提示するからである。その特性、すなわち音声の特性は、同じ言語のなかでは徹底的な類比によって支配されざるをえない。くわえて、同じ民族では同じような主観性が言語に影響を及ぼしているのだから、各言語には独自の世界観があるということになる。対象と人間のあいだに個々の音声が割り込むように、人間に対して内面的・外面的に作用する自然と人間とのあいだには言語全体が介入してくる。人間は、音声の世界でみずからを取り囲むことで、客体の世界を取り込み、処理するのである。こう言っても、単純な真理を述べた以上のことにはならないだろう。人間は主として対象と関わりあって生きている——しかし、人間の感情や行為が人間の生み出す表象に左右されている以上は、言語がこうした表象を人間に引き合わせるような形でしか対象と関わることができないのである。自分から言語を紡ぎ出していく働きによって、人間はみずからを言語のなかに織り込んでいく。そして、どの言語にしても民族をひとつの圏域へと囲い込み、民族がこの圏域から抜け出すことができるとしたら、それは他の言語の圏域に入り込むことによってでしかない。だとすれば、外国語の学習とは、従来の世界観のうちに新しい視点を手に入れることなのだと言うこともできよう。そして、実際にある程度まではそうなのである。それぞれの言語は人類のある一部分が有している概念組織や表象様式をそっくりそのまま含んでいるからである。そうした成果を純粋かつ十分に感じられないのは、自分がもともと持っていた世界観を、つまり自身のもともとの言語観を持ち越してしまっているからに過ぎない。

どの言語もその初めには乏しい言葉しかなかった、などと考えてもならない。往々にしてそう考えられてしまうのは、言語の成立を人間の自由な社交本能に求めなかったり、主として相互扶助の欲求によるものと推定し、人類を想像上の自然状態に置き移してしまうからである。どちらも、言語について抱きうる誤った考えのなかではとりわけまずいものである。人間はそれほど困窮してはいない。それに、扶助のためなら分節化されていない音声でも十分であったろう。言語はそのはじまりにおいても徹頭徹尾人間的だったのであり、偶然なされる感覚的知覚の対象にせよ、内的な働きの対象にせよ、それらをすべて意図せず覆ってしまうものなのである。自然状態に近いはずのいわゆる未開人の言語にも、必要を超えて溢れ出る豊かで多様な表現がたくさんある。言葉というものは、必要性や意図がなくとも、胸のうちからおのずと湧き出てくるものなのである。荒野をさすらう漂泊の民であっても、自分の歌を持たずにいたものはないだろう。なぜなら、動物の一種族としての人間は歌う生き物だからである。だが、ここでも思考は調べと結びつけられている。

言語は、単に素材となる無数の要素を自然から取り出して心に植え換えるものではない。言語は、我々が全体に由来する形式として出会うものをもまた心へと運んでくる。自然は、明るく澄んだ光に包まれて、我々の眼の前に様々に彩られ、あらゆる感覚印象に応じた多様な形態を繰り広げている。我々の思索は、こうした自然のなかに、我々の精神の形式と相和する法則性を見つけ出す。事物の物体としてのあり方から切り離されたところで、まるで人間のためだけに用意された魔法のように、事物の輪郭は外面的な美しさでもって装われている。こうした美しさのなかで、感性的な素材と法則性とは説明しがたい——我々がこの魔法に心を奪われ魅了されている限りは説明しがたい——契約を結んでいるのである。同じことはすべて言語の場合にも見出せるが、言語の場合にはそれを叙述することができる。というのも、言語に手を引かれて音声の世界へと移っていっても、我々は自分たちを実際に取り巻いている世界から立ち去ってしまうわけではないからである。言語構造固有の法則性は自然の法則性とよく似ている。そして言語は、みずからの構造を通じて、人間が何より人間らしい最高の力を発揮するように仕向け、自然における形式の刻印をより適切に理解させてくれるのである。なぜなら、自然もまた、説明はできないにせよ精神的な力が展開したもののひとつだとしか考えられないからである。言語は音声の結合から生じる固有なリズム上・音楽上の形式を通じて、音声そのものを別の領域に移し換えて自然の美の印象を高めるが、それとは別に、単なる発話の響きを通じて精神の調子に作用することもあるのだ。

そのつど語られることと、語られることから生み出されたものの総体としての言語は異なる。本節を終える前に、もう少し詳しくこの違いを考察しておかねばならない。ひとつの言語の範囲には、その言語によって音声化されたものがすべて含まれる。しかし、思考の素材とその無限の結合がそうであるように、言語において表示されるべきものや、結びつけられるべきものの全体も汲んでも汲み尽くせない。したがって言語は、すでになんらかの形態を具えている要素以外にも、精神の働き——言語自身がそれに方向性と形式を指定しているのだが——を展開していく様々な方法から成り立っていることになる。要素がひとたび確固とした形態を持ってしまえば、それは確かにいくぶん生命を欠いたひとまとまりのものになってしまうが、決して終結することのない規定可能性という生命の萌芽を宿している。だから、人間にとって言語は、既知のものやすでに考えたことのあるものなどとは違って、どの時点でも、またいかなる時代においても、自然そのものと同様、人間にとって汲めども尽きぬ豊かな鉱脈として姿を現すのである。精神はそこにいつでも未知のものを発見し、感情はこれまでには感じ取ったことのないものを感じ取ることができる。真に新しく、すぐれた才能を持つ者が言語を扱う場合は間違いなく、実際にこうした現象を見て取ることができる。人間が夢中になって知的努力を絶え間なく前へ推し進め、生まれ持っているものをさらに展開していくには、すでに獲得された領域と並んで、徐々に解きほぐれていく無限の全体に向かって眺望が開かれていなければならないのである。しかし言語には同時に、二つの方向性において、未だ姿を見せていない暗い深淵が隠されている。すなわち、言語は、その過去を訪ねてみれば、未知の宝蔵から湧き出てきたものでもあるのだ。この起源はある程度は知られることもできようが、しかしそれ以上に進む者に道を閉ざし、その底知れない感じを後に残す。手近な過去の光しか手にすることがない我々からすれば、言語ははじめもなければ終わりもない無限性を人類全体と共有するものである。とはいえ、遠い過去が現在の感情となお結びついているということは、言語のなかでこそ、よりはっきりと、より生き生きと感じ取られ、予感もされる。というのも、言語はかつて人々が持った感情を生き抜き、その息吹を保存しているからである。いま我々が感情を表現するのに用いている母語と同じ音声を用いていた彼らは、我々にとって民族的にも血統的にも近しいのである。

いま述べたように、言語には固定した部分と流動的な部分とがあり、この二つは言語とそれを話す人々のあいだに、ある独特の関係をもたらす。語の蓄えと規則の体系が言語のなかに出来上がっていき、言語は長い歳月をかけて、ひとつの自立した力として成長していく。先に記したように、言語に取り入れられた思考は心にとって客体となり、その限りでは心に対してよそよそしく働きかける。しかし、我々はもっぱら主体から客体が生じたと考え、客体の働きかけを主体に発するものだと考えた——客体は自身が由来するところに逆に働きかけるのである。さて、これとは正反対の次のような考え方もある。言語は実際によそよそしい客体であり、言語の働きはそれが働きかけるものに由来するのではなく、別のなにかに由来しているというのである。こう考えられるのも、言語が必然的に(〔原著〕56、57頁〔本訳書66－68頁〕)自他両方に属するからであり、また真に人類全体の所有物だからである。言語は文書のなかに、眠っている思考を精神に呼び起こすことのできるような仕方で保存している。だから、言語はなるほどそのつどなされる思考のなかでのみ真の姿を現すが、言語の全体はそのつどの思考とは独立に存在するという独特なあり方をしているのである。言語は心にとってよそよそしいものなのか、それとも心にとって親しみのあるものなのか。言語は心から独立なのか、それとも心に依存するのか。この対立しあう二つの見方は、実際には言語のなかで結びついており、言語特有の本質をなしている。言語の一部は心にとってよそよそしく無縁であるが、他の一部はそうではないなどと主張して、こうした矛盾を解消してはならない。言語はまさしく主観の働きをこうむり、それに依存している限りで、客観的に働きかけ、自立的に存在するのである。言語はどこにも、文書のなかにさえも、不動の居所を持たない。言語のいわゆる死んだ部分でさえ、常に思考において新たに生成しなおされて、発話され理解されることで生命を与えられ、主体のなかへそっくりそのまま全体が移行しなければならない。ところが、この産出活動のなかに、言語を他ならぬ客体にしてしまうものが伏在しているのである。言語はあらためて産出されるたびに個人によって働きかけられるが、しかしこの働きかけ自体が、言語が現に作用し、またこれまで作用してきたものによってすでに拘束されているのである。くだんの対立を真に解消するのは、人間本性の単一性である。主体と客体、依存と自立といった概念は、もともと私と一体だったものから生じてきた言語において互いに行き来するのである。現に、言語を生み出しているのは私なのだから、言語は私に属している。ところが、言語が私に属していると言える根拠は、人類全体のなかでは間断なく言語的コミュニケーションがなされてきたのだから、人類に属するあらゆる人々が話していることや話してきたことのなかにも同時に見出される。それゆえ、ここで私は言語そのものによって制限されているのである。とはいえ、言語のなかで私を制限し規定しているものは、私と内的には通じている人間本性に由来する。だから、言語のなかによそよそしいものがあるとしたら、それは束の間存在する私という個性に対してであって、根源的な真の本性に対してではないのである。

ある民族の言語がそれまでの何世紀ものあいだに経験してきたことのすべてが、その民族においてそれぞれの世代が形成される際にどのように作用するのか。また、言語が経験してきたことと一つ一つの世代が持つ力はどのような関係にあるのか——育ちつつある者たちも死にゆく者たちも互いに入り混じりながら生きているのだから、こうした関係は決して純粋なものではない——。こうした問題を検討すると、言語の力に対して個人が本来どれほど非力なものかがわかるだろう。言語に具わっている並外れた可塑性、一般的な理解を妨げることなしに、様々な仕方で言語形式が受容される可能性、生き生きとした精神が死んだ遺産に対してもつ支配力、それらを通じてのみ、バランスがある程度是正される。とはいえ、みずからが人類全体から流れ出たものに他ならないことを個人が最も生き生きと感じとるのは、いつでも言語においてなのである。個人はそれぞれ絶え間なく言語に働きかけているので、それぞれの世代は言語に変化を生み出しはする。それにもかかわらず、こうした変化はえてして誰にも気づかれずに終わってしまう。というのも、変化が語や形式そのものに加えられるとは限らず、時としてその使用法がまちまちに修正されるだけということもあるからである。文書や文献がなければ、こうした変化を認めることはなお難しい。また、ある言語における個性(普通の意味でこの語を受け取れば)と言われるものが単に相対的なものに過ぎず、真の個性はそのつど話す人のなかにしかないことについてよく考えてみれば——諸概念を明確に限定するにはこうした反省が欠かせない——、個人が言語に及ぼす影響はいっそうはっきりするだろう。言語は個人においてはじめて究極的に規定されるのである。同じ語を使っていても、他者と全く同じことを考えている人などいない。そしてこういう些細な違いが、水に広がる波紋のように、言語全体へと広がっていくのである。だから、あらゆる理解は常に同時に非理解(Nicht-Verstehen)であり、思考と感情における一致も、すべて同時に不一致である。言語がそれぞれの個人においてどのように変容をこうむるかを考えてみれば、前述した言語の力に対抗して人間が言語に行使する支配力もはっきりしてくる。言語の力は生理学的な作用と見なすことができる(このような表現を精神的な力に当てはめようと思えばだが)。他方、人間に発出する力は純粋に力学的な作用である。人間に及ぼす影響には言語の法則性と言語形式の法則性とがあり、人間の側からの反作用には自由の原理がある。人間のうちには、先行する状況のなかに悟性がその理由を見出せないようなものが生じうるからである。このような説明のつかない現象の可能性を言語から排除しようとすれば、言語の本性を見誤り、言語の成立や変化という歴史的な真理を損なうことになるだろう。しかし、自由そのものは規定もできなければ説明もつかないものであるとはいえ、おそらく特別に割り当てられた一定の遊動空間内においてその境界が見つかるであろう。言語研究は自由という現象を認識し、尊重しなければならないが、しかしまた注意深くその限界を追究しなければならない。

## 諸言語の音声体系　諸言語の音声形式

【20】言語が思考のために作り出す表現が音声形式である。しかしまた、音声形式はいわば言語がみずからをはめ込んで姿を合わせる容れ物のようなものだと考えることもできる。作り出すということが本来的で完全なものでなければならないとすれば、それは言語が最初に発明された場面についてしか言えない。こうした発明については我々にはよくわからず、ただそうしたものを仮定せざるをえないというだけである。しかし、既存の音声形式を言語の内的な目的に合わせて運用することは、言語形成の中途段階であっても可能であると考えられる。ある民族は、内的なふとした閃きによって、また外的には状況が幸いして、前代から譲り受けた言語に全く異なる形式を与え、その結果、この言語が全く異なる新しい言語になるということもありえよう。こうしたことが形式の全然異なる諸々の言語で実際に起こったことであるとは確かに信じがたい。しかし、内的言語形式がより明瞭ではっきりとした洞察力を具えるようになると、それにつれて言語がより変化に富み、よりくっきりと陰影を際立

たせたニュアンスを形成するようになるのは疑いえない。言語は、そのために既存の音声形式を拡張ないし洗練して用いるのである。だから、同じ語族に属し類縁関係にあるような個々の言語を比較してみると、どの言語が他の言語に対してこの点で先を行っているかがわかる。たとえばアラビア語とヘブライ語を比較してみると、こうした事例がより多く見られるのはアラビア語である。本書では、のちほどカヴィ語について興味深い研究を行うつもりである。そこでは、南洋諸島の諸言語が原型であって、インド洋の多島海およびマダガスカルで話されている狭義のマレー語がそこからさらに発達したものであると見なすことができるかどうか、またどのような意味でそう見なせるのかが問題となるだろう。

こういった現象の全貌は、言語の産出活動がたどる自然な経過から完全に説明されよう。言語は、その本性からして、全体が心に現前している。言語に含まれる個々のものはどんなものも、未だはっきりと生成していない他のものと、さらには現象総体ならびに精神の諸法則によって与えられている全体——あるいはむしろそれらを作り出すことができる全体と、対応関係を持っている。ただし、言語は実際のところゆっくりと発展し、新たにつけ加わるものは既存のものとの類比で形成されることになる。こういったことは、あらゆる言語研究の出発点となる基本原則であり、実際に言語を歴史的に分析すれば明らかにできるものなのだから、全幅の信頼をおいてよい。音声形式のうちで先に形成されたものは新たな形式化をみずからに強く引きつけることになるので、従来と全く異なる行き方を許容しない。マレー語にたくさんある動詞の種類は、基本語形に音節を接頭辞として付加することで示される。こうした音節は明らかに、文法学者がタガログ語について言っているほど多くはないし、細かく区別されてもいない。しかし、次々に付け加えられる音節はいつも同じ場所に維持されるのである。アラビア語がより古いセム語では明示されていなかった区別を明示しようとするのも、同様のケースである。アラビア語はいくつかの時制表現を作るのに助動詞を利用することにして、語そのものに音節を付け加えるなどという、セム語族の精神に相応しくない形態を与えるのを避けたのである。

以上のことから、音声形式が各言語を区別する基礎となることにも納得がいくだろう。音声形式の本性からすると、当然のことである。なぜなら、言語を構成するのは物質的に何らかの形を与えられた音声でしかなく、音声は、同一性の方が必然的に優勢である内的言語形式とは比較にならないほどはるかに多様な区別を許容するからである。とはいえ、音声形式がより大きな影響力を持つのは、部分的には、音声形式が内的言語形式そのものに課している事柄にも原因がある。言語は、言語の内的な目的によって要求される素材を表示しようとする精神的努力と、対応する分節化された音声を当の素材に供給することとの共同作業によって形成されると考えられねばならない(これについては以下で詳しく論じる)。だとすれば、すでに実際に形が決まっている物理的なものと、さらにはその多様性の基礎となっている法則の方が、新たな形を取ることでなんとか明晰さを得ようとしている観念に対してやすやすと優位に立ってしまうのは、ことの必然である。

一般的に言って言語形成は産出活動と見なすべきであるが、そのなかで内的観念がみずからを表現するためには、克服しなければならない困難が存在する。その困難が音声である。そして、その克服が常に同じようにうまくいくとは限らない。そうした場合、ややもすれば、観念の方が譲歩してしまって、実際には別々である観念に同じ音声ないし音声形式を使ってしまうことになる。たとえば、未来形や接続法が、両者に不確定性が伏在するという理由で、同じ語形を持つようになる場合である（第21節を見よ）。確かに、音声を生み出す観念の側に常に弱さがあるとも言える。真に力強い言語感覚があれば、こうした困難に打ち克つことができるからである。しかし、音声形式はそうした観念の弱さにつけこみ、新たな言語形態の、いわば支配者としてふるまっているのである。別のより適切な観点から真の言語を求めるはずの内的努力が、音声を受け入れたとたん、本来の道筋から多かれ少なかれ外れてしまったのが明らかであるようなケースは、どの言語においても見出される。発声器官が一方的にその本性を現してしまい、語の意味を実際に担っている本当の語幹音声（Stammlaut）を抑圧してしまうケースについては、すでに触れたところである（〔原著〕70、71頁）。内から外へ向かって働く言語感覚がしばしば長期にわたってこうしたことを甘受しておきながら、ある場面では突如として我を通し、音声傾向に屈服しないで一つの母音に固執することがときおり見られるのは不思議である。言語感覚によって要求された新しい形式が作られはするが、その瞬間に、いわば音声と言語感覚が互いに妥協して、作られたばかりの形態が音声の傾向性によって修正を加えられるというケースもある。とはいえ、大局的に見れば、本質的に異なった音声形式が、言語の内的目的の達成全体に決定的な影響を及ぼしているということに変わりはない。たとえば、中国語では発話の結合を左右するような屈折変化が成立しなかった。というのも、音節同士をしっかりと分離しておく音声構造が確立されて、音節の変形や複合に抵抗したためである。ただ、こうした障害の根本原因は、全く逆の性格を持っているかもしれない。中国語の場合、豊かな想像力から生み出される多様性や調和を促す変化を音声に与える性向が当の民族に欠けていたという理由のほうが大きいように思われる。こうした性向を欠いており、思考の様々な関係を陰影に富んだ音声のニュアンスでもって装ってやるという可能性が精神に見えていなければ、精神がこのような関係の微妙な相違に気を回すことなどまずない。なぜなら、細やかで鋭い区別をそなえた分節化を形成しようとする性向と、無限な多様性のなかでうつろう思考をつなぎ止めるのに必要なだけのはっきりと区別された形式を言語に創造してやる悟性の努力は、いつでも互いを喚起し合うものだからである。基本的に、目に見えない精神の運動のなかでは、音声に関するものと言語の内的目的が要求するもの、つまり、表示する力と表示されるべきものを産出する力を決して別々に考えてはならない。一般的な言語能力は、双方を統合し包摂しているのである。とはいえ、思考が語として外界に触れるということ、また、すでにある形式を持った素材の支配力は、既存の言語が伝承されることによって、みずから繰り返し言語を産出しなければならない後代の人間にも及ぶものであるということ、これらを踏まえれば、両者は区別できる。それによって、言語産出を二つの異なる側面から考察することが正当化され、また義務と化すのである。セム語は、中国語とは逆に、音声の豊かな多様性を有機的に区別すると同時に、一部こうした音声の性質に促されて細やかな分節感覚を発達させたことで、主だった必要な文法上の概念を明瞭にはっきり区別する以上に、芸術的で意味深い音声形式を持つことになった。言語感覚が一方の指向を採って、他方をなおざりにしたのである。この言語感覚は、言語本来の目標をしかるべく断固として追い求めていたわけではなく、一方の道をたどって得られる利点、つまり有意義かつ多様な仕方で加工された音声形式を選んだということになる。とはいえ、そうさせたのは音声形式の自然な性向であった。語根は通常は二音節からなり、内部で音声を改造する余地を有していた。とりわけ母音がこの形式変化に動員された。明らかに、母音は子音よりも精妙で実体性を持たないので、内的な分節感覚を目覚めさせ、いっそう精妙なものとなるよう促したのである。(2)

## 言語の音声体系――言語の技術

音声形式の優位性が言語の性格を決定しているということは、また別な仕方でも考えられる。言語がみずからの目的を実現するのに用いるあらゆる手段は、ひとまとめに言語の技術と呼ぶことができるが、こうした技術はさらに音声技術と知的技術に分類できる。語やその形式の形成が、音声に関わるだけであったり、音声によって動機づけられたりしている場合、これを音声技術ということにする。個々の形式がより幅広く、より豊かな響きを持つようになり、同じ概念や同じ関係に対して、表現のうえでのみ区別されるような形式を与えるようになるとき、豊かになるのは音声技術である。これに対して知的技術は、言語のなかで表示されるべきものや、区別されねばならないものに関わる。たとえば、言語が性、双数、時制(これは、時間の概念を行為の推移の概念に結びつけるあらゆる可能性によって成り立つ)のための表示手段を持っている場合がそれに当たる。

こういうふうに考えると、言語とは目的を達成するための道具であるように思われる。しかし、この道具は明らかに、みずからに刻み込まれた観念の秩序、明瞭性、鋭さ、また快い響きやリズムによって、純粋に精神的な力や、この上もなく高貴な感性の力を刺激しているので、有機的な言語構造、つまり言語の目的を度外視して考えられた言語それ自体でも、民族を夢中にさせられるし、また実際そういうことは起きているのだ。つまり技術が、目的を実現するために必要とされているものをはみ出て成長するのである。こういった状況は、言語が必要を上回ってしまっているものと考えることもできるし、逆に必要に追いついていないものと考えることもできる。英語、ペルシア語、厳密な意味でのマレー語を、サンスクリット語やタガログ語と比較してみれば、いま示唆したような言語技術の幅や豊かさの違いを見てとれよう。しかも、思考を再現するという言語の直接的な目的が損なわれているわけでもない。というのも、先の三つの言語は、こうした言語目的を単に一般に実現しているだけでなく、部分的には雄弁で詩的な多様性でもって実現しているからである。こうした技術が一般的に、また全体として持っている重要性については、あとでふたたび述べることにする。ここでは、音声技術は知的技術に対して我が物顔にふるまうということを述べるにとどめておきたい。音声形式にどのような長所があるのだとしても、音声技術と知的技術のあいだのアンバランスは、言語形成力の欠陥をあらわにするものである。なぜなら、ほんらい一体となってその力強さを発揮するものは、それが実際に働く際にも、みずからの本性に属する調和を損なうことなく保ち続けるものだからである。節度を守ってさえいれば、言語における音声の豊かさは、絵画の技術における彩色に喩えられよう。音声と彩色、どちらの与える印象もよく似た感覚を生み出す。思考が心に与える影響は、ちょうど絵画における単なる輪郭がそうであるように、思考が単にむきだしに現れるか、それとも（こう言ってもよいのなら）言語によって彩られて現れるかによって違ってくるのである。

# 内的言語形式

【21】観念がその光と温もりによって言語を満たすのでなければ、精巧で豊かな響きを具えた音声形式の持つ長所といえども、それが活動的な分節感覚と結合した場合でさえ、精神に相応しい言語を生み出すには不十分である。言語を本来成り立たせているのは、言語にとって全く内的で純粋に知的な部分に他ならない。言語を産出するのに音声形式が利用されるのは、この知的な部分が用いるためなのである。観念が次々に受け渡されて形成され、最終的にそれを手にした偉大な人物たちが、言語によってみずからの打ち明けようとするあらゆるものを表現できるのも、その部分のおかげである。こういった言語の性格は、言語のなかで姿を現す諸々の法則が相互に、また直観・思考・感情の法則と一体となり、協力して作用することに基づいている。ところで、精神の能力は活動することでしか存在しない。それはいわば、精神の力に火がついて、次々とその全体へ伝播していくようなものであり、そこにはそのつど一定の方向がある。だとすれば、先に述べた諸法則とは、言語産出において精神活動が進んでいく道に他ならず、別の喩えを使えば、精神活動が音声を鋳造する形式に他ならない。この活動に関与しない心の力など存在しないだろう。言語へと移行することもなく、言語のなかに認識されることもないようなものなど、人間の内面をどんなに深く、仔細に、包括的に探ってみても存在しないのである。したがって、言語の知的部分が持つ長所は、当の言語が形成されたり作りかえられたりした時代に、民族の精神がどれだけ秩序正しく、確固として、明瞭に組織されたかに左右される。

そうした長所は、民族の精神がそのように組織されたことの反映であり、印影そのものなのである。あらゆる言語は、その知的手順において互いに似通っていなければならないように思われるかもしれない。なるほど、音声形式には無限な、途方もない多様性があるというのはよくわかる。音声形式は感覚的・肉体的個性であって、それは様々な原因に由来するので、その陰影をつまびらかにすることなどできはしない。しかし言語の知的な部分は、精神の自発的な活動のみに依拠しているのであるから、その目的にも手段にも相違がないとすれば、すべての人間において同じであるに違いないと考えられるのである。実際、言語のこの部分にはかなりの均一性が保たれている。そうは言っても、様々な理由からこの部分にも著しい多様性が生じることになる。一方では、言語産出力が全体として、またその力がみずからのなかに現れる諸々の活動と相互に関係し合って働く種々の程度に応じて多様性が生み出される。しかし、他方では、悟性によっても単なる概念によっても、その創造過程を正確に計り知ることのできないような諸力がここでも活発に働いている。想像力や感情が個別的な形態を生み出すのである。そこには民族の個性的な性格が再び現れてくる。そして、およそ個性的なものがすべてそうであるように、同じものが絶えず異なる装いのもとに描かれる多様な可能性が無限に広がっていくのである。

純粋に観念のみに関わる部分、悟性の結合作用に基づく部分にも相違はあるが、これはたいていにおいて、不適切で欠陥含みの結合に由来する。このことを認識するためには、本来の意味での文法法則を立ち止まって観察してみるだけでよい。たとえば、発話の要求にしたがって、動詞の構造において別々に表示されなければならない形式は、概念の純然たる派生から生じうるものであるから、あらゆる言語において同じ仕方で完璧に列挙し、正しく区別されなければならないはずである。しかし、この点についてサンスクリット語とギリシャ語を比較してみると、サンスクリット語におけるムードの概念は明らかに未発達なものにとどまっているばかりか、そもそも言語産出の場面であまり気にもされず、時制の概念からはっきりと区別されていないということが目につく。したがって、それは時間の概念と適切に結びつけられていないし、それによって首尾一貫した形に整えられているというわけでも全然ないのである(3)。同じことは不定詞についても生じているが、これはさらに、動詞としての性格が完全に見誤られて、名詞の方へ引っ張られてしまっている。サンスクリット語をどれだけ偏愛していても、この点ではギリシャ語という時代の下る言語に遅れを取っていることは認めざるをえない。しかも、発話というものの性質がこの種の精密性の欠如を助長している。そういった精密さを欠くことは、発話がみずからの目的を実質的に実現するのに何の邪魔にもならないからである。発話はその本性からして、ある形式を別の形式と取り換えたり(4)、ある形式では適切かつ簡潔に表現できないような場合には、これを言い換えてよしとしてしまったりするものなのだ。とはいえ、こうした事例が、言語の純粋に知的な部分における欠点であり、不完全性であることに変わりはない。先に注意しておいたように(〔原著〕82頁〔本訳書81－82頁〕)、これについては音声形式に非がないこともない。音声形式は、ひとたび特定の形成の仕方に慣れてしまうと、新しい形成の仕方を要求する諸概念をも、精神を唆して、既存の形成プロセスへ誘導してしまうのである。もちろん、いつもそうだというわけではない。さきほどサンスクリット語のムードと不定詞を扱った際に述べたことが、音声形式から説明されることなどありえないだろう。少なくとも私には、そうした説明を見出すことはできない。サンスクリット語は、意図されていることを適切に表現するのに十分な手段を豊かに具えているのである。原因は、むしろ明らかに内的なものである。内部組織が部分部分に完全に分割されているような動詞の観念的構造が、形成途中の精神にとって十分明晰な形では発達しなかったのである。以上のような欠点にいよいよ驚かされるのは、サンスクリット語以上に動詞の真の性格、存在と概念の純粋な総合を、真に伸び伸びと提示している言語はないからである。サンスクリット語は、個々の特定の状況を常に指し示し、決してひとつの形にとどまることを知らない表現こそ動詞にふさわしいと見なす。語根(Wurzelwörter)は決して動詞と見なされず、ましてや動詞概念と見なされることなどなかったのである。言語概念がこのように欠点を含んで発達し、不適切に把握された原因は、いわば外的に音声形式のうちに求められるか、あるいは内的に観念の把握のうちに求められねばならない。しかし、いずれにせよ、問題はいつも言語の産出能力に力が不足しているという点にある。投げられた球は、十分な力が加えられているならば、抵抗力に負けてその軌道から逸れるようなことはない。それと同じように、観念の素材は、しっかりと摑みとられ加工されたなら、極めて細かく、細心の区別によってしか分離されないようなものまでが、一様に完成へ向かって展開していくものである。

音声形式においては概念の表示と発話の組み立て法則が主に注目すべき二点として浮上したが、それと同じことが言語の内的・知的な部分についても言える。音声形式の場合もそうであったが、ここでも、表示にはさらに次のような区別がつけられる。表示には、完全に個別的な対象の表示が求められている場合と、個別の対象の全体に適用可能で、それらを統一的にひとつの一般概念にとりまとめるような関係が示されねばならない場合がある。したがって、実際は三つのものが区別されねばならない。音声形式の側で概念を表示するのは語の形成であった。言語の内的・知的部分では概念の形成がこれに対応している。分節感覚が表示のための音声を見つけ出すあいだ、内的には、どの概念も固有の徴表や他の概念への関係にしっかりと結びつけられていなければならないからである。このことは、感官によって普通に知覚することができる外的物体についても言える。この場合も、語とは、感官の前にただよう物体の等価物ではなく、むしろ語を見出すその瞬間において言語産出を通して対象を把握することの等価物なのだ。主にこうした原因で、同じ対象に対して多様な表現が与えられるようになるのである。たとえば、象はサンスクリット語で「二倍飲むもの」とか、「二つの牙を持つもの」とか、「ひとつ手のもの」と称される。同じ対象が常に意味されていたとしても、多くの様々な概念が表示されるのである。言語は対象を表すものなどでは決してなく、言語産出の際に精神が対象について自発的に形成した概念を表す。ここで問題となっているのはこうした概念形成であり、まったく内的に、つまり分節感覚にいわば先行するものと見なされねばならない。とはいえ、もちろんこのような区別は言語を研究するためになされるものであって、自然のなかに見出されるものだと考えられてはならない。

さて、別の観点からすると、先に挙げた三つに区別されたケースのうち、後二者である、一般概念にとりまとめる表示と発話の組み立て法則は、互いに密接な関係にある。個々の対象に関して表示されるべき一般的関係と、文法上の語の屈折は、どちらも大部分は、直観の一般形式と諸概念の論理的配列に基づいている。この二つには全体を見渡すことのできる体系性があって、個々の言語から生み出される体系をこれと比較して考察を加えることができる。その際、またもや目を引くのは次の二つ、すなわち、表示されるものの側での完全性および適切な区別と、このような概念のために観念上で選択された表示そのものである。まさにすでに述べておいたことがここで当てはまるわけである。しかし、いま問題となっているのは非感覚的な概念の表示や往々にして純然たる関係性の表示なので、概念は言語にとって、常にというわけではないが、しばしば具象的に受け取られざるをえない。そしてここに、つまりあらゆる言語をその根底から支配する最も単純な諸概念の結びつきのなかに、言語感覚の真の奥深さが姿を現す。ここで最も重要な役割を果たしているのは、人称、それゆえ代名詞と場所関係であり、それらが互いにどのように関係しているのか、より単純な知覚においてどのように結合しているのかを、しばしば明確に確認することができる。言語を言語として、最も特徴的な仕方で、いわば本能的に精神のうちに基礎づけているものがこうして明らかになる。ここでは個別の多様性が影を潜め、違いがあるとすればそれは、ある言語では、あの最も単純な諸概念の結びつきが他よりも有効に使用されているということ、こうした言語感覚の深みから作り出された表示が、より明瞭で意識されやすい仕方で示唆されていることに基づく。

個別の内的・外的対象の表示は、感性的直観、想像力、感情の奥深くに、またこれらが共同して働くことから、性格全体にも浸透していく。なぜなら、ここでは自然が人間と、つまり、ある程度は実際に物質的である素材が形式を作る精神と、真に結びついているからである。だから、この領域ではとりわけ民族の個性が際立ってくる。人間は外的自然にそれを把握しようとして近づき、みずからの内的な感覚を発達させるが、それは、精神の諸力が多様な相互関係のなかで様々な段階に分かれているのに応じて起こることである。こうした人間のあり方は、言語産出が語に対して内的に概念を形成するものである限り、言語産出にも同様に刻み込まれている。民族がみずからの言語に客観的な実在性と主観的な内面性のどちらをより多く植え付けるかの大きな境目もここにある。これは言語の形成が進むに従って徐々にはっきりとした展開を見せるのを常とするが、その萌芽はすでに民族のそもそもの性質のうちに紛れもない関係性を示しながら存在していて、音声形式にもそれがはっきりと見て取れる。言語感覚が、感覚対象を描写するにあたってはより鮮明で明瞭であることを求め、精神的な概念にはより純粋で非物質的な規定を求めれば求めるほど――我々が内省によって区別するものは心のなかで分かち難く一体化しているので――、分節化された音声はより鋭く立ち現れ、音節はより豊かな響きを奏でて語に配列されるようになるからである。より明晰で確かな客観性と、心の奥底から汲み上げられた主観性との違いは、ギリシャ語とドイツ語を注意深く比較してみれば一目瞭然である。ところで、民族の特性が言語に及ぼす影響は、第一に、個々の概念の形成がどう行われているかに注目することによって、第二に、言語が特定の種類の概念をどれだけ豊かに持っているかに注目することによって、それと気づかれる。個々の表示のなかには、感性的直観に導かれて想像力や感情が入り込んでいくこともあれば、細かな区別を立てる悟性が、また大胆に結合作用を行う精神が入り込んでいくこともある。ありとあらゆる対象に対して各種の表現が帯びる色調を見れば、民族がどのように自然を把握しているかもわかってくる。これに劣らず目につくのは、個々の精神的指向と密接に結びついて、特定の種類の表現が言語のなかで優位を占めている場合である。たとえばサンスクリット語がそうであって、これはおそらく他の言語とは比較にならないほど宗教的・哲学的語彙を豊富に有している。ここで加えて指摘しておかねばならないのは、これらの概念の大部分は、可能な限り余計なものを取り除いて、単純な原要素だけから成り立っているので、この民族の持つ深い抽象的感覚がそれだけいっそう輝きを放っているということである。こうして、サンスクリット語という言語に刻まれた特色は、古代インド人の手になるあらゆる文芸や精神的活動において、さらには外的生活様式や習俗においても確認される。彼らの言語、文芸、政治体制が一致して証明しているのは、内面的には人間存在の原初の起源と究極目的への指向、外面的にはもっぱらこうした指向にみずからを捧げる身分、つまり神性と聖職に向けられた思慮と努力が、その民族性の特色となっているということである。この三点に加えてさらに副次的に見られる色調をあげるなら、ややもすると虚無へと向かいかねず、実際にその目標を実現しようとさえしている思索と、とんでもない修練によって人間としての限界を超越することができるのではないかという妄想がある。

しかしながら、精神と性格の民族的独自性があらわになるのは概念形成においてのみだなどと考えるのは一面的である。それは、発話の組み立てに大きく影響し、そこにおいても同じように見て取ることができる。激しくあるいは弱々しく、明るくあるいは暗く、活発にあるいはゆるやかに燃え上がる内面の炎が、思考全体や溢れ出る一連の感情の表現へとほぼそのまま注ぎ込まれる結果、その独自の性質が直接際立って見えるのももっともなことだ。この点でも、サンスクリット語とギリシャ語を比較することは魅力的で学ぶところが多い。とはいえ、言語のこういった部分に見られる民族の独自性は、個別の形式や特定の法則にはごく僅かに刻印されているに過ぎないので、これに関連した言語分析はより困難で、骨の折れる作業となる。他方、一連の観念を統辞的に形成する様式は、先に述べた文法形式の形成と極めて密接に結びついている。というのも、文法形式が乏しく曖昧だと、思考は発話の広大な範囲を渉猟することができず、少しばかりの小休止があるだけの単純な文構造が強いられてしまうからである。とはいえ、細分化し、明確に表示される文法形式が存在している場合であっても、発話の組み立てが完全なものになるためには、より長く、意味もいっそう豊かに絡み合う、もっと生き生きとした文を形成しようとする活力に満ちた衝動がなければどうにもならない。こうした衝動は、我々のよく知っている作品に見られるような形式をサンスクリット語が手に入れた時代には、それほど活発に働いていなかったに違いない。なぜなら、ギリシャ語にはできたことがサンスクリット語には予感することも、その可能性を創出することもできなかったからである。少なくとも、我々がサンスクリット語における発話の組み立てのなかにこうした可能性を見出すことはごく稀である。

とはいえ、文構造や発話の組み立てに見出されるものの多くは、法則に還元できるようなものではなく、むしろそのときどきの語り手や書き手に左右される。だから、言語は多様な言い回しに自由と豊かな手段を与えるのに貢献するが、たいていは、瞬間瞬間にそうした言い回しを創出する可能性を提供しているに過ぎないのである。音声だけでなく、形式や法則においても言語にいっさい変化が見られなかったとしても、観念が時を経て発展し、思考の力が向上し、感覚能力が物事をより深く感じ取ることができるようになると、言語は、以前には所有していなかったものをしばしば取り入れるようになる。すると、同じ音声の容れ物のなかに別の意味が入れられたり、同じ標識のもとに違ったものが与えられたり、同じ結合法則にしたがって別の水準にある観念の経過が示唆されたりする。これは、民族の文芸から今も昔も変わらず得られる実りのようなものである。なかでも詩作や哲学の成果は大きい。他の諸学問の発展は、言語に個別の素材を供給したり、既存の素材をもっとしっかりと区別、確定したりするが、詩作と哲学は、全く別の意味で人間の内奥とつながっていて、それと絡み合っている言語に、より強力に、より形成的に働きかける。かくして、詩的・哲学的精神が少なくとも一時期は支配的な地位を占めていたような言語は、その進展において完成の域に到達できることが最も多いのである。それが自身の秘めた欲求に発するものであり、他民族の模倣に発するものではないという場合にはなおさらである。セム語族やサンスクリット語族に見られるように、語族全体において詩作の精神が活力に溢れているため、同じ語族に属する初期の言語に見られたその精神が後の言語においていわば再び復活を遂げるということもしばしばある。豊かな感性的直観がありさえすれば、いま述べたのと同様の仕方で言語を成長させることができるのかどうかは判断の難しいところであろう。しかし、数百年にわたって形成されてきたあらゆる言語に関する経験が示しているのは、知的な概念、内的な知覚から汲み上げられた概念は、それを表示する音声が使われ続けるなかで、より深く、心のこもった内容を伝えるものだということである。こうして豊かになった内容を才気に富む文筆家が語に与え、感受性に優れた民族がこの内容を受けとり、それを広めて後世に伝えていく。これに対しメタファーは、それが太古の時代の若々しい感性——言語そのものがそういったものの痕跡をとどめているものだが——を見事に捉えていたように思われたとしても、日常的に使われるうちにすり減ってしまえば、ほとんどメタファーとして意識されなくなってしまう。このように、進歩と退歩が交々相混じるなかで、言語は前進的発展に相応しい影響力を行使している。それは、人類の巨大な精神の営みにおいて言語に委ねられた働きなのである。

## 音声と内的言語形式の結合

【22】音声形式と内的な言語法則が結合して言語ができあがる。言語を産出する精神が様々な仕方で同時に働くなかで、両者が単に結合するだけでなく、真に純粋に浸透し合うようになれば、言語はいよいよ完全なものとなる。音声形式という第一の要素から出発すると、言語産出とは総合の作業である。しかも、結合される各々の部分それ自体には含まれていなかった何かが新たに創造されるという、正真正銘の総合である。こうした結合が実現されるのは、音声形式の構造が、全体にわたって、内的形成とぴったり合致する場合のみである。そうすれば、一方の要素が他方の要素へ完全に適合することになり、いずれの要素も他方の許容できる限度を超えてしまわずにすむ。このような目標が達成されれば、言語の内的発展が音声上の形式産出から逸れて独自の道を歩むこともなければ、夥しい音声が幅をきかせて思考のもっともな欲求をないがしろにしてしまうこともないだろう。逆に、音声は、心の内的な運動、言語を産出せんとする心の運動によってはじめて美しい音調やリズムを持つようになり、これらによって単なる音節の響きは調整されるのである。こうして、思考が音声に魂を吹き込むと、音声はその本性にしたがって思考を鼓舞する原則を与え返すという回路ができあがる。言語を構成する二つの主要部の堅固な結合は、感性豊かで想像力に富んだ生として表れる。こうした生はまさにこの結合のおかげで開花するのである。これに対し、言語がある時代に過度に知的に発達したり洗練されたりなどして音声を形成する衝動が必要な強度を失ったり、はじめから音声形成の力が一面的

にしか働かないような場合には、悟性の一面的に支配するところとなり、味気なく、無味乾燥にならざるをえない。こうしたことは、アラビア語のように、別個の助動詞を使うことによってのみ形成される時制が存在するような言語に詳しく見て取ることができる。そこでは、時制の形式の観念は、音声形成への衝動を動かすものではもはやないのである。また、サンスクリット語は、いくつかの時制形において、コピュラ動詞と動詞概念を事実上結合して、単一の語となしている。

しかしながら、いま述べた事例にしても、語形成の分野で特に簡単に見つかる類似例にしても、完全な総合が持つ意義を十分に明らかにしてはくれない。先に述べた完全な総合とは、個々の要素からではなく、言語の全体的特徴や形式から生じてくるものである。それは、言語産出の瞬間に働いている力の産物であり、そうした力の強さを正確に反映している。刻印の薄い硬貨は、確かに型の輪郭や細部をすべて写しとってはいるものの、刻印がはっきりと鮮やかであれば持つような輝きを欠く。それと同じことがここでも言える。一般的に、言語はしばしば芸術を思わせるが、言語のふるまいの最も深遠で説明しがたい部分ともなると、それが甚だしい。彫刻家も画家も、観念を素材と結びつける。その作品を見れば、この結合が融合状態にまで立ち至り、ほんとうに天才的なひらめきをみせて自由にふるまっているのか、それともばらばらの観念が、苦労と不安のすえにノミや筆でもっていわば模写されただけであるのかはおのずと知れる。しかし、それがこのような単なる模写に過ぎないとわかるのも、個々の欠陥においてというより全体的な印象の弱さにおいてなのである。元来、ある言語における外的言語形式と内的言語形式の総合は、必然的であるとはいえ、そう簡単にうまくいくものではない。以下ではこのことを、文法に関する若干の点を引き合いに出して示そう。もちろん、こうした欠陥の痕跡を言語構造のすみずみに立ち入って追求するのは困難であるのみならず、一定の範囲を超えてしまえば不可能ですらある。こうした欠陥を言葉で説明するのは、なおのこと難しい。しかし、この点で感情が欺かれることはないし、言語の実際の働きを見れば欠陥ははっきりと見て取れるものである。真の総合は、極めて活発な力だけが知っている感激から生じてくる。総合が不完全であればこうした感激も欠けるし、そうして成立した言語を用いても、精神を鼓舞する力はほとんど伴わない。これは、そのような言語で書かれた文芸が、感激を必要とするジャンルをあまり好まなかったり、感激するにしてもそれほどでもないのがあからさまであることからわかる。こうした欠陥の原因は民族における粗悪な精神の力に帰されるが、この力は完全性の低い言語の影響を介して後の世代で再生産されてしまう。あるいは、なんらかのきっかけで民族に新しい精神が成立するまでは、そうした力の弱さが当の民族の生の全体に表れると言ってもよい。

〔第23節はテクストから削除〕

## 言語のふるまいをより詳しく説明する

【24】この序論の目的は、構造においては相違している諸言語を、人間精神の継続的な形成にとって不可欠な基盤として描き出し、多様な言語構造と人間精神の相互の影響関係をより詳細に解明することだった。そのためには、言語一般の本性を研究しなければならなかった。これまでの立場を堅持しつつさらに探究を進めていかねばならない。これまでは、言語の本質を全く一般的な特徴において説明

することに終始して、その定義をより詳細に述べる以上のことはしてこなかった。言語の本質が音声形式および観念形式のうちに、また、両者の適切で力強い浸透関係のうちに求められるとすれば、あとに残る多くの仕事は、この本質を雑多に見える個別ケースに適用して規定するというものになる。したがって、これまでの観察に基づき、言語を歴史的に比較する個別的な研究への道を切り開くには——それが私のここでの目論見なのだが——、一般的なものをさらに細かく腑分けすると同時に、そうして出てくる特殊なものをひとつの統一へと取りまとめることが必要になる。このような研究の核心部に至るには、言語そのものの本性が手がかりとなる。精神の力と直接的に関係している言語は、完全な一貫性をもって構成されている有機体であるから、そこでは諸部分だけでなく、諸部分のふるまいの諸法則も区別されうる。あるいは、歴史的研究を先取りするように見える表現は避けたほうがよいので、いまのところは、諸部分のふるまいの指向とか努力が互いに区別されうる、としておこう。身体という有機体と対比しようとすれば、これらは生理学上の諸法則にもなぞらえられる。生理学の法則に関する研究もまた、個々の部分を腑分けして記述するのとは全くわけが違う。したがって、我々がこれから順を追ってひとつひとつ問題とするのは、我々には馴染みの文法学がそうするように、音声体系、名詞、代名詞といったものではなく、腑分けされる個々の部分のすべてに通底している言語の特性である。かえってこうした特性が個々の部分を詳細に規定しているのである。こうした手続きは、別の観点からしても、ここでの目的に適っているように思われる。先に示唆された序論の目的が実現されねばならないとしたら、我々の研究が特に注目しなければならないのは、語族の同一性には還元されないような、言語構造の多様性である。こうした多様性は、言語のふるまいがその有限な努力と何より緊密に結びつき働いているところでこそ研究されねばならない。こうして我々はふたたび概念の表示や、文における思考の結合に、これまでとは違った観点から向かうことになる。概念の表示も文における思考の結合も、思考を内的に完成させ、それを外的に理解するという目的からおのずと生じてくる。だが、これとはまた別に、言語のなかでは同時に芸術的な創造の原則も形づくられてくるのであって、この原則はそもそも言語そのものと密接に関係している。なぜなら、言語にあって概念は音によって担われているからであり、精神的なあらゆる諸力の共鳴は音楽的な要素と結びついているからである。この音楽的要素は、言語のなかに現れてその本性を捨ててしまうわけではなく、単にいくらか姿を変えるに過ぎない。だから、言語における芸術的な美しさとは、たまたま言語に付け加わった装飾のようなものではない。全く逆に、これもまた言語の本質の必然的な一帰結であって、言語がどれだけ内的かつ普遍的に完成されているかを調べるために必須の試金石なのである。というのも、精神の内的な活動は、美的感情がその明るさを言語に注ぎ込むときに、はじめて最高潮に達するものだからである。

ただし、言語のふるまいとは、単に、それによって単一の現象が生じてくることのみをいうのではない。思考によって言語に課せられたあらゆる条件のもとで、無数の現象を生み出す可能性を、同時に開くのでなければならない。というのも、言語とは本来、無限にして真に果てのない領域、つまり思考可能なあらゆるものの総体に対峙するものだからである。したがって、言語は有限の手段を無限に使用せざるを得ないのだが、そうしたことが可能なのは、思考を産出する力と言語を産出する力が同一だからである。それゆえ、言語がもたらす影響にも二つの側面が必ずある。言語はまず語られることに影響を与え、次には言語を産出する力へと逆に影響を与えるのである。どちらの影響についても、それぞれの言語において、当該の言語のうちに認められる方法を通じて変容しうるので、こうした影響を描き出して評価する際には、両者を一緒に取り扱わなければならない。

## 語の類縁性と語形式

【25】すでに見たように、一般的に言って語を作り出すには、音声と概念という二領域に認められる類縁性に従って、類似した諸概念に類似した諸音を選び出し、程度の差こそあれはっきりとした形式にそれらの音を流し込むしかない。それゆえ、ここでは語形式と語における類縁性という二つのものが考察の対象になる。もう少し詳しく述べておくと、語における類縁性には、音声における類縁性、概念間の論理的類縁性、そして語が感情に及ぼす影響によって成り立つ類縁性という三つのものがある。類縁性は論理的な性格を持つ場合、観念に基づくものになるので、さしあたって思いつくのは、一般的な関係概念にしたがって語が別の語に変化したような語彙である。これは、具体的なものを抽象化したり、個々の事物を表すものを集合化したりしてできあがる。しかし、ここではこうした語を除外しておきたい。なぜなら、こうした語に特徴的な変化は、同じ語が異なった文脈のもとで用いられる場合にこうむる変化と極めて緊密に結びついているからである。この場合、語の意味のなかで、いつも同一であり続ける部分と、変化していく他の部分とが結びついている。こういったことは言語においてはよくあることである。異なる種類の対象を表示するのに共通して用いられる概念のうちに、語

の根幹となる基本部分が認められるのは珍しいことではない。言語のふるまいようによって、それがはっきり認められることもあれば、かすかにしか認められないこともある。語幹のあらわす概念や、その変化した形が当の概念に対して持つ関係も、はっきりしていたり曖昧だったりする。音声による概念の表示とは、その本性からすれば実際には決して一緒になりえないもの同士の結合である。しかし、人間が自身の顔の特徴を捨てられないのと同じように、概念を語から切り離すことはできない。語とは概念が個性的に形態化したものであり、概念がこの形態を捨てようとしても、結局は別の語のなかに再び入り込むことにしかならないのである。それにもかかわらず、心は、言語の領域から逃れて独立しようと絶えず試みずにはいられない。なぜなら、心の内的感覚はきわめて豊かな内実を持っているのに、語はそれに対する障害となるからである。また、語はその音声的側面に伴う物質的性質や、意味に関わる側面が持つ極めて一般的な性質のせいで、感覚に特有の微妙なニュアンスを窒息させかねないからでもある。心は語を、みずからが囚われている限界ではなく、その内的活動のよりどころとして扱わなければならない。心がこうして守り、勝ち取ったものは、今度は語に付与される。こうして、精神の力が然るべく生き生きと働いていれば、心のたゆまぬ努力と抵抗のおかげで言語はますます精妙になり、感性豊かな内容はいよいよ豊かなものになっていく。また、言語の要求はそれが満たされれば満たされるほど、より高度なものになっていく。およそ高度に形成された言語を見ればわかるとおり、思考と感覚が活気を持てば持つほど、語はより包括的で深みのある意味を手にするのである。

概念と音声という本性上異なる種類のものが結合するには、音声における物質的な響きを度外視してそれを単なる表象と見るにしても、両者がそのなかで出会えるような第三項が必要になる。「理性(Vernunft)」に「とらえる(Nehmen)」という表象が、「悟性〔＝分別〕(Verstand)」に「立ち止まる(Stehen)」のそれが、「開花(Blüte)」に「溢れ出る(Hervorquellen)」のそれが含まれていることを踏まえれば、この媒介者が感覚的な本性を持っていることは確かである。それは外的ないし内的な知覚や活動と親しい関係にある。語がどのような派生によって形成されてきたかを辿って媒介者が適切に発見されるとすれば、その具体的な性格を切り離せば、外延(Extension)か内包(Intension)、あるいは両者の変化に遡ることができる(媒介者が全体としてそこまで遡るのか、あるいは個別的性質は別に残されるかは問わない)。こうして結局、我々は空間、時間、知覚の度合いという一般的な領域に到達することになる。こういうやり方で個々の言語における諸々の語を徹底的に研究すれば、多くの細かい点で例外はあるだろうが、諸々の語を結びつける糸を認識することができ、そのなかに個別化されている一般的なふるまいを、少なくともその輪郭については描くことができよう。次いで、具体的な語から、そのおおよそ語根レベルの直観や知覚へと昇りつめていくことを試みるのである。あらゆる言語は、まさにこのような直観とか知覚のおかげで、みずからに生気を与える精神に従い、語のなかで音声と概念を媒介しているのである。しかしながら、言語と、言語が表示している領域としての観念的領域とを比較してみると、求められているのは逆のことであるように思われる。つまり、諸々の概念から諸々の語へと降りてゆかねばならないのではないか。なぜなら、原型としての概念だけが、語による表示がどういった種類のものであり、どの程度成功しているかを判定するのに必要となるものを含みうるからである。とはいえ、概念から語へと進むこのやり方には内的な障害があってうまくいかない。概念は個々の語に固着すると、何か一般的なもの、より細かく個別化されうるようなものを提示することがもはやできなくなるからである。カテゴリーを引き合いに出して当の目的を達成しようとしても、最も狭いカテゴリーと、語によって個別化された概念のあいだにも、決して飛び越えることのできない裂け目が残ってしまう。したがって、ある言語が、表示されるべき概念をどの程度カバーしているのか、また、どの程度確たる方法でもともとの概念から派生的な特殊概念へと降っていくのか、その詳細を完全に描き出すことはできないのである。なぜなら、概念の分岐していく道すべてを辿ることはできないし、また語の分岐していく道については、なるほど現実にそうなったものではあっても、そうならねばならなかったものを示すわけではないからである。

ある言語の語彙を、出来合いの集合体のようなものと考えてはならない。新たな語や語形式が絶えず形成されているということは言うまでもないが、言語が民族によって話され生きている限りは、語彙とは語形成能力による絶え間のない生成と再生成なのである。それはまず言語がその形式を負っている系統、ついで子供による言語習得、最後に日常的な言葉の使用において生じる。そのたびに必要な語が語彙のなかに間違いなく存在していることは、単に記憶のなせるわざではない。心が語形成の鍵をまるで本能のように持っていなかったとしたら、人間の記憶など役に立つまい。外国語についても、この場合はたとえ練習によるしかないとはいえ、この鍵を徐々に我がものとすることでしか学ぶことができない。それは、一般的に言語への資質が同一であること、また、いくつかの民族のあいだでは、言語への資質のあいだに特別な類縁関係があることで可能になっているのである。死んだ言語についても事情は大して変わらない。確かに、そうした言語の語彙は我々の側からすると閉じた全体をなしており、研究が運よくうまく運んだ場合には、その奥底にあるものも解明することができる。しかし、このような言語の研究が成功するのは、かつてそのなかに生き生きと存在していた原則を我がものとすることによってでしかない。その場合、死んだ言語は、まさに本当の、ただし束の間の復活をとげるのである。というのも、どんな場合であっても、言語は、死んだ植物を研究するようには研究できないからである。言語の概念と生の概念は不可分に結びついており、言語という領域における学習は常に再生産でしかありえないのである。

## これまでの研究を振り返る

【35】我々はいまや、この研究のひとつの終点に達した。

続く考察とこれまでの研究を結びつけるために必要な範囲で、これまで解明してきたことを手短に思い起こしておきたい。ここに提示された言語についての見方は全体として、基本的には次のような考えに基づいている。すなわち、言語とは思考がそれを目指さなければならない思考の完成体であり、同時にまた、人間そのものに特徴的な資質の自然な展開である。しかし「展開」とはいっても、単に生理学的に説明がつくと考えられるような、本能の展開ではない。それは直接的な意識の働きであることはないし、ましてや瞬間的に発揮される自発性や自由の働きなどでもないが、意識や自由を賦与された存在者しか持ちえないものであり、その存在者自身にとってさえ計り知れないような彼の個性の深層から、そして彼のうちなる力の活動から生じてくるものなのである。というのも、人間は、自分では意識することなく、みずからの精神的個性の全体を活動させており、そのエネルギーと形式とにくだんの展開は全面的に依存しているからである(5)。いろいろ原因はあるにせよ、とりわけこうした個性の現実と関わり合っていることで、この展開は、世界において人間を取り巻き、さらに人間の自由な活動に影響を与える諸条件にも左右されることになる。さて、実際に人間のうちに見出される言語には二つの構成的原理が区別される。すなわち、内的言語感覚と音声である。前者は特別な力ではなく、言語の形成と使用に関わる精神の能力全体、それゆえひとつの指向を意味するに過ぎない。後者は身体器官の特徴に左右され、伝承されてきたものに依拠する。内的言語感覚は、言語を内側から支配し、あらゆる場面で言語を主導して推進力を与える原理である。音声それ自体は、形式が与えられるのを待っている素材のようなものと考えられよう。音声は言語感覚が浸透して分節化された音声へと変貌し、言語感覚と分かち難い統一をなすとともに、絶えず相互に作用しあって、知的かつ感性的な力を身につける。それによってはじめて、音声は、記号を作り出す活動にあって、言語における真の創造的原理となり、見かけ上は自立した原理のようにさえ見えるのである。しかし、それは見かけ上のことに過ぎない。一般的に言って、人間が自身の外部に措定することのできるものはすべて、人間にただちに逆に作用し、将来の創造活動に制約を与える。これはこの世に生きる人間存在にとっての法則である。じっさい音声もまた、内的言語感覚のものの見方やふるまいを変えてしまう。それゆえ、将来の創造活動はいずれも、根源的な力が持っている単純な指向を保ちつづけるわけではなく、この指向と、以前に創造されていたものによって与えられる指向から合成された指向を持つのである。言語への素質はあらゆる人間に見られるものであり、誰もがあらゆる言語を理解するための鍵をうちに秘めていなければならない。そうである以上、当然、あらゆる言語の形式は本質的に同じであり、どこでも普遍的な目的を実現しなければならない。相違はその目的に対する手段のうちにしかなく、目的を実現するために許される範囲内に限られる。とはいえ、言語のなかにはこうした相違が様々な形で存在している。同じ事物が別の仕方で表示されるというような、単なる音声の相違があるだけではない。言語感覚が言語形式という観点から音声を使用する仕方にも、それどころか言語形式について言語感覚が持っている固有の見方のなかにも相違が存在している。確かに、言語が単に形式的なものである以上は、言語感覚だけでは、言語が複数あったとしても同じ形式しか成り立ちようがない。言語感覚は、どの言語にあっても的確で法則的な構造を求めるものだからである。こうした構造はたったひとつしかありえず、どこでも同じものにならざるをえない。ところが実態は全く異なっている。ひとつには、音声が言語感覚に逆に作用するということもあるが、またひとつには内的感覚の個性がそこに現象しているということもある。重要なのは、内的言語感覚が音声に働きかけ、非常に細やかな音のニュアンスを思考の生き生きとした表現にしてしまうような力の秘めるエネルギーである。しかし、こうしたエネルギーがどこでも同じだなどということはありえないし、いつも同じ強度、生動性、法則性を示すものでもない。このエネルギーは、思考を記号的に取り扱おうとする傾向や、音声の豊かさや響きに対する美的な好みによって支えられているが、これらもまたどこでも同じというわけではない。にもかかわらず、内的言語感覚はいつも言語のなかで均一性を保とうと努力し、逸脱した形式をどうにかして正しい道へ連れ戻そうとすることをやめない。これとは逆に、音声はまさに相違を増大させる原理である。音声は身体器官の特徴に依存するが、この身体器官が主にアルファベットを作り出し、そしてアルファベットがあらゆる言語においてその基礎となる(このことは適切な分析を行えばわかる)。さらに、分節化された音声は、発音のしやすさ、発話における響きのよさに基づいた固有の法則と慣習を持っている。確かにこのような法則と慣習は、それ自身均一性を具えているとはいえ、しかしそれが個別に適用されると相違は必ず生まれるものである。結局、他と交わらないように隔離され、全くのゼロからはじまろうとしている言語などというものに我々が関わることは決してないのだから、分節化された音声はいつも、自身に先立って存在しているものや、由来を忘れてしまった今では馴染みのないものに倣うほかないのである。これまで述べてきたことすべてが相俟って、人間の言語構造は必然的に多様なものとなる。言語は同一の言語構造を持つことができない。なぜなら、言葉を話す民族が違うからであり、異なる状況のなかで与えられた条件のもとで存在しているからである。

言語自体を観察すれば、考えうるあらゆる言語形式のなかで言語の目的に最適な形式が明らかになるはずである。そしてそうした形式にどれほど近づいているかを測れば、現存する言語形式の長所も短所も判断できる。そう考えて研究を進めた我々が発見したのは、このような判断の基準となる当の言語形式は次のようなものでなければならないということだった。それは、人間精神の普遍的な進歩を約束し、最大限に統制のとれた活動を通じて人間精神が成長するのを助け、さらには、人間精神のあらゆる指向相互に単に調和を生み出すだけでなく、精神そのものに刺激を与えて、この調和を生きとしたものにする——そういった形式である。しかし、人間精神の活動は内的な向上だけを目的とするものではない。この目的を追っていると、どうしても外的な目的、すなわち世界把握の学問的体系を構築するよう駆り立てられるのであって、精神の活動はこうした体系の立場から再び創造的に働くようになる。我々はこの点についても考察を加えたが、それによってまぎれもなく示されたのは、人間精神をこのように拡張していくには、非の打ちどころなく完成された言語形式を手引きとするのが最善であり、いや恐らくはそうでなければうまくいかないということだった。だからこそ、我々はこの完全な言語形式というものに深く立ち入って考えてみたわけであるし、私としては、言語のふるまいが自身の最終目的を直接実現するために集束していく諸点に、こうした形式の特徴を見出そうと試みたのであった。単純な文や、多くの文を織り込んだ複雑な文を用いて思考を表現するために、言語はどうふるまうのか――こう問うことが、言語をその内的目的と外的目的から同時に評価するという課題を最も容易に解決する方策であるように思われた。しかしこうした言語のふるまいを明らかにするためには、個々の要素に必然的に伴う特徴を同時に考える必要があった。現存する語族や、あるいはそうした語族に属するひとつの言語を取り上げてみても、それが完全な言語形式に全面的に、あらゆる点において合致するなどということは望むべくもないし、少なくとも我々の経験しうる範囲にそんなものは見当たらない。とはいえ、サンスクリット語族の諸言語はこのような言語形式に最も近い。人類における精神の形成が最も長期に渡って、最も幸運な形で進歩を見せたのもこれらの言語である。それゆえ、我々はこれらの言語を、他のあらゆる言語を研究するための確たる基準と見なすことができるのである。

## 純粋な法則的形式から逸脱した言語について

サンスクリット語族以外の言語については、そう簡単には論じられない。これらの言語は、純粋に法則的な言語と同じ最終地点を目指してはいるのだが、同じ程度にその目的を実現するわけでも、適切な仕方でそうするわけでもない。だからその言語構造にははっきりとした一貫性が見られないのである。我々は先に(文法上の形式をすべて欠いている中国語はさておいて)、文形成のための三つの可能な言語形式を挙げておいた。屈折(flectirend)、膠着(agglutinirend)、抱合(einverleibend)である。どの言語も、これらのうちひとつないし複数の形式を有しているが、ある言語の相対的な長所を判定するために重要となるのは、その言語がこういった抽象的形式を具体的形式のうちにどう取り込んだのか、あるいは、こうした取り込みや混合がどのような原則に基づいて行われたかである。このように、抽象的な可能的形式から具体的な現実に与えられている形式を区別すれば(私はこれをうまくやりおおせたと思っている)、若干の言語だけを正しいものとして称揚し、他の言語には不完全なものという烙印を押しているのではないかという不審の念を軽減するのに役立とう。抽象的形式のうち屈折だけが唯一正しいものだという可能性は、そう易々と否定できるものではない。しかし、それによって他の形式に対して下される判断が、具体的に現存している言語にも等しく当てはまるわけではない。現存の言語では三つの形式のうちのどれか一つだけが支配的であるとは言えないし、むしろ正しい形式に向かおうとする目に見える努力が常に生き生きと働いているからである。とはいえ、こうした主張を正当化するためにはより詳細な解明が必要である。

諸言語がどれも文化的には同等である限り、いずれの言語にもそれ固有の長所が認められるべきであり、ある言語に他の言語を超える決定的な長所など認められない——多くの言語に精通している者にとっては、これがごく一般的な感覚であると言えよう。これは目下の考察に含まれる考え方と真正面から対立する。しかも我々の考察は、言語と民族の精神的能力は密接で分かちがたく関連しているということを証明しようと腐心しているだけに、多くの人々にいよいよ反発の念を抱かせるかもしれない。言語についての拒絶的な判断は、そのまま民族にも当てはまるように思われてしまうのである。しかし、ここでは言語についての判断と民族についての判断のあいだに厳密な区別を立てる必要がある。あらかじめ注意しておいたように、確かに、言語の長所というのは、一般的には精神的活動のエネルギー、とりわけ音声を通じて思考を仕上げようとする独特な傾向に基づいている。したがって、完成度の相対的に低い言語は、民族が思考を仕上げることにそれほど強い衝動を持っていないということをさしあたり証明するに過ぎない。その民族における他の知的長所について何か決定的なことがわかるわけではないのである。いかなる場合でも、我々はまず純粋に言語構造から出発したのであり、言語構造について判断を下すにしても、言語構造そのものにしか依拠しなかった。さて、こうした言語構造が、たとえば中国語においてよりもサンスクリット語において、アラビア語においてよりもギリシャ語において、いっそう優れているということは、公平な研究者であればまず否定しないだろう。数々の言語に見られるそれぞれの長所を慎重に比較考量しようと試みる場合であっても、精神の発展を支配する原理が、一方の言語よりも他方の言語においてずっと生産的だということを認めざるをえないだろう。ここから引き出される多種多様な帰結を、言語が精神に与える影響や、(もっぱら人間の能力の範囲内において)言語を作り出した諸民族の知性にまで広げて理解しようとしないなら、精神と言語のあいだのあらゆる相互関係は誤解されてしまうに違いない。先に述べた考えはこの点からして完全に正当化される。しかし、これに対してさらに次のような反論が挙げられよう。言語における個々の長所は、とりわけ個々の知的側面も育て上げることができるではないか。また、諸々の民族そのものの精神的資質は、それらの特性や、それらが様々に混じりあったりしていることを踏まえれば、程度を比較できるどころか、比較可能なレベルをはるかに超えて相違しているのではないか。――これら二つの反論とも否定しようもなく正しい。だが、言語の持つ真の長所は、全面的かつ調和的に作用するその力のうちに求められねばならないものである。言語とは、精神活動が必要としている道具であり、精神活動が進展していく道である。したがって、言語が真に有益なのは、いかなる指向を持つ精神活動であろうと言語がその活動に寄り添い、その活動を容易にし鼓舞する場合であり、また、様々な種類の精神活動のすべてがそこから調和的に展開していくような中心に精神活動を置く場合にかぎられる。中国語の形式が、別の言語の形式よりも純粋な思考の力を引き出し、また、その邪魔になるような些細な結合音声はすべてこれを断ち切って、いっそう排他的に、緊張感を持って心を思考に向かわせるものだということはよろこんで認めよう。中国語のテクストをほんのわずかに読んだだけでも、このような確信は驚きに変わりさえするものだ。しかしその一方で、中国語を決然と擁護する者でさえ、その言語は精神活動をあの中心に向かわせるものだなどと主張することはまずできまい。もしそうだとしたら、その中心から詩作、哲学、学問的探究、雄弁な演説が、構造においてより優れた言語と同じように花開こうとするはずである。

だから、いかなる側面から考察をはじめるにしても、私としては、純粋に法則的な形式を持つ言語と、純粋な法則性から逸脱した形式を持つ言語の決定的対立を、あからさまに提示せずに済ませるわけにはいかないのである。それは否定しえない事実を単に言い表しただけだと私は確信している。法則性から逸脱したいかなる言語にも優れた点があって、それぞれの長所になっているということ、その技術的な構造をたくみに作り上げているということは見逃せないし、過小評価されるべくもない。ただ、これらの言語が精神に働きかける能力は、法則的な形式を持つ言語ほど秩序立っておらず、それほど全面的でも調和的でもないと言っているに過ぎないのである。いかに粗野極まる未開人の言語であろうと、なんらかの言語について非難し貶めるような判断をくだすことから、私ほど縁遠い者などいない。こういう判断は人間本来の資質が持つ尊厳を貶めるばかりでなく、言語について考え、言語を経験することで得られる正しい見解と全く相容れないものだと思う。というのも、いかなる言語も、言語一般へと向かうあの根本的な指向の反映であることに変わりはないからである。いかなる言語であろうと、必ず実現しなければならない最も単純な目的を実現するためには、よくできた構造が必要となるものであって、そうした構造を調査してみれば、どうしたって研究を進めたくなるものである。また、改めて言うまでもないことかもしれないが、どんな言語も、すでに展開されている部分とは別に、ある未規定な能力――その言語に特有の柔軟性を持ち、ますます豊かに高度になっていく観念をみずからのうちに組み込んでいく能力を有している。私はこれまで、それぞれ単独に成立している民族に話を限定していた。しかし、民族は外部の影響から形成されることもあり、それによって当の民族の精神的活動も成長を遂げる。このような成長は言語に負うものではないが、当の言語のほうは、その成長のおかげで自身に固有の領域を拡大していくことができる。というのも、いかなる言語も、あらゆるものをうちに取り込み、独力で表現を与えなおすことができるような柔軟性を有しているからである。言語が人間に対して絶対的な足枷となることなど、いかなる条件下でもありえない。違いがあるとしたら、力を高め、観念を拡張してゆくその出発点が言語そのものにあるのか、言語の外部にあるのかだけである。別言すれば、言語が、力を高め、観念を拡張することに積極的に精力を注いでいるのか、単にいわば受動的・協調的に身を委ねているに過ぎないのかの違いでしかないのである。

さて、諸々の言語のあいだにこれまでに述べてきたような相違があるとしたら、問題は、この相違をどうやって認識するかにある。私はその徴表を、まさに文形成における文法の諸方法に求めた。これは一面的であるように見えるかもしれないし、諸概念の豊かさを考えれば不適当であるように思われるかもしれない。言語の相違を文法の方法の相違に限定することは、私の意図するところでは全くない。そうした相違はいかなる要素、要素のいかなる接続にも、同じように生き生きと見出されるからである。しかし、私は意図的に、いわば言語の土台を構成するもの、そして諸々の概念の展開に決定的な影響を及ぼすものへ遡ったのである。諸概念の論理的配列、明瞭な分離、関係性のはっきりとした説明といったものこそ、あらゆる精神的活動の、またその最上の表出にとって欠くべからざる基盤であるが、これらが文法の方法に本質的に左右されるものだということは誰にとっても明らかであるはずだ。文法の方法が適切であれば、正しい思考も容易かつ自然に行われる。そうでない場合には、思考は困難を乗り越えなければならないか、少なくとも適切な方法から得られるのと同等の手助けを言語から得ることはできなくなる。以前に触れた三つの異なる言語のふるまい(屈折・膠着・抱合)が生じてくる精神的雰囲気は、言語を構成する他のあらゆる要素に形式を与えるほど広がっているのだが、文形成ではこれがとりわけはっきりと認識される。最後に、実際に言語構造に即して説明が与えられるためには、まさしくこうした諸特性に訴えるのが適当だったということを付言しておきたい。我々の研究は、言語が精神に分け与え、言語がみずからを精神に対して内的に描き出す形式を、言語にあって事実的・歴史的に見出されるもののうちに発見しようとするものであった。こうした研究にとって、先に述べた事情はとりわけ重要なのである。

## 注

(1)〔原著〕16、17、40頁および41－43頁〔本訳書49－51頁〕、および以下の第35節。

(2) セム語に見られる語根語の二音節構成がもたらした影響については、エーヴァルトが『ヘブライ語の文法』(144頁第93節、165頁第95節)で明示的に注意を促しただけでなく、この文法書全体を通して、当の文法を支配している精神を見事に描き出している。ボップは、セム語がその語形式と、また部分的には語の屈折を、ほとんどもっぱら語の内部(Schoosse)における変化によって形成しており、それによって独特な性格を得ているということを仔細に論じ、言語の分類に、新鮮かつ工夫のきいた仕方で応用している(『比較文法』107－113頁)。

(3) ボップは可能法(Potentialis)の通常の用法が、あらゆる特定の時間規定とは全く独立に、一般的定言命題を表現するものだということにはじめて注意を促した(『学問批評年報』一八三四年、第二巻、465頁〔405頁の誤記と思われる〕)。この指摘の正しいことは、多くの例、とりわけ『ヒトーパデーシャ』の教訓的格言において確かめられる。しかし、一見して目につくかかる時制の転用の根拠をより厳密に考えてみると、こうした事例では、当の時制はまったく本来的な意味で接続法として用いられているのだが、ただ、発話の全体は一部を省略したものとして説明されねばならないということがわかるだろう。「賢者は決して他の仕方ではふるまわない(der Weise handelt sichnie anders)」と言うかわりに、「賢者はそのようにふるまうであろう(der Weise würde so handeln)」と言えば、そこで省略されているのは「あらゆる状況で、いかなるときも」という言葉である。こうした用法のゆえに、私は可能法を必然性叙法(Notwendigkeits-Modus)とは呼びたくない。むしろそれは、能力(Können)・推定(Mögen)・当為(Sollen)などと区別される、全く純粋で単純な接続法であるように思われる。この用法が特殊なのは、省略されたものを付け加えてやらなければならないという点であって、それがまさしく省略によって、とりわけ直説法を差し置いて動機づけられている限りにおいてのみいわゆる可能法である点にある。というのも、ここでは接続法の用法が、言ってみれば他のあらゆる可能性から切り離されることによって、単純に述べられる直説法より強く働いていることも否定できないからである。私がこのことに明示的に触れたのは、文法形式の純粋かつ通常の意味を維持し守ってやることは、その反対のことが避けられないというのでなければ、重要でなくはないからである。

(4) ある文法形式を他のものと取り違える現象については、文法形式の成立に関する論文のなかで詳しく扱った。『ベルリン学問アカデミー論文集 一八二二—二三年 歴史・哲学部門』404-407頁。

(5) 〔原著〕16、17、40頁および42、43頁〔本訳書49-51頁〕を参照。

# 書評　B・F・スキナー『言語行動』

——ノーム・チョムスキー

梶浦真美［訳］

ここに訳出されたものは、スキナーの『言語行動』(B. F. Skinner, *Verbal Behavior*, 1957)に対するノーム・チョムスキー(Noam Chomsky)による書評論文で、一九五九年にアメリカ言語学会の会誌(*Language* 35 : 26–58)に掲載された。その後、一九六四年出版のJ. A. Fodor and J. J. Katz (eds.) *The Structure of Language*、一九六七年出版のL. A. Jakobovits and M. S. Miron (eds.) *Readings in the Psychology of Language*、二〇〇八年出版のA. Arnove (ed.) *The Essential Chomsky* といった複数の論文集に再掲載された。本文にとりたてて異同はないが、一九六七年のものでは短い序文が付け加えられ、取り上げた著作の批判だけにとどまらない書評論文の意図が説明されている。二〇〇八年の論集では、この序文が付いていない状態での再掲載となったが、引用された雑誌論文は初出も含めこれまで簡略化した形でしか雑誌名が記されていなかったのを、すべて短縮なしで明示し、わかりやすくしている。知る限り初の邦訳となる本書においては、脚注に引用文献情報を埋め込むという原論文のスタイルを改め、参考文献リストとして独立させた。注で言及する際には著者と刊行年のみにとどめるという今日では標準となった形式を採用して、読みやすくするためである。原著には明らかな文献情報の誤りと思われるものが一点あったが、それも訂正した。なお、二〇〇八年の論集は、政治関連に重点を置きつつも、言語学、認知科学から哲学にわたるものまでまんべんなく収録している。書名の通り、チョムスキーがこれまで精力的に活動してきたあらゆる分野を網羅しており、手軽に全体像を把握したい読者にとって手元に置いておきたい一冊となっている。以下、訳出された書評論文でのチョムスキーの議論の流れを紹介する。

行動主義心理学の枠組みを言語行動の分析に適用しようとしたスキナーの『言語行動』は、行動を制御する変数がどのように言語反応を決定するかについて「関数分析」を提唱する。制御変数とは、動物実験において確立された刺激、強化、摂取制限／遮断化の三つの概念からなるもので、生物の内的構造に関する考察は分析から除外されている。このような枠組みでは人間の高度な精神活動である言語行動を捉えることができないことを以下示すことになる。（第1節）

自発的反応であるオペラント行動が特定の状況でのみ生じるように刺激を弁別することを強化と呼ぶが、何をもって刺激と認定するか、また、行動のどの部分が反応として分析対象になるのかについて、スキナーは一貫した方針を示していない。従って、行動が法則性を示しているという結論自体妥当であるか疑わしくなるのだが、このような評価がスキナーの言語行動の分析についてあてはまるというのが、この書評論文においてなされる精査から得られる主張となる。（第2節）

刺激とそれに対する反応という概念が人間の行動において重要な役割を果たすという証拠は存在しない。スキナーが挙げているさまざまな例を見ても、具体的な反応が与えられてはじめてそれを制御している刺激が特定される図式になっていて、関数分析による客観的予測がなされるという形になっていない。動物実験と異なり、言語行動の場合は反応における単位が何かということが問題になるが、これについてもスキナーは満足のいく答えを用意していない。また、関数分析の基本従属変数となるべき「反応強度」を反応自発の確率、すなわち出現率、と定義しておきながら、発話における強勢、ピッチ、速度など、場合によっては相反する方向を示す確率以外の要因の関与を排

除しないという不徹底な結果に終わっている。（第3節）

行動の学習と維持のために必要とされる強化の概念も、言語行動のありとあらゆる場合に乱用されていて、そこに客観的意味を読み取ることができない。人々が普通に使っている複数の記述表現を「強化」のひとことで片付けることによって新たな理解が得られることはないのである。人に対する指導や教示とは、「条件付け」によってある刺激の制御下の行動を別の刺激の制御下に置くことであるとする説明も、言葉遊びのまやかしにすぎない。（第4節）

行動の学習が実際どのようになされるかを検証している実験心理学においては、ラットやサルの場合、好奇心や探究心をかき立てることが重要であるという結果が出ている。また、鳥などで観察される刷り込みの現象は、強化ではなく動物自体の生得的性向こそが行動パターン形成の主要因であることを示す。子供の言語獲得も周囲の大人による強化があって可能になるのではなく、環境からのフィードバックとは独立のプロセスによるものと考えられる。現在、その詳細は不明であるが、ヒトとしての内的構造、すなわち、脳の仕組みが、子供の周囲で使われている言語のインプットをもとにその言語の文法規則を創り出すようになっているという可能性が考慮に充分値する。経験と生得性のどちらが言語獲得にとってより重要であるかは、独断的に決定してよいことではなく、今後の研究にゆだねられるべきである。（第5節）

スキナーによる「言語行動」の定義も的外れである。「他者の媒介を通して強化される行動」と言ってみても、さらにそれに「強化する側の反応が話者の行動を強化するように前もって条件付けられていなければならない」という追加条項を足してみても、望ましくない事例を排除できない。

（第6節）

言語オペラントのうち、マンドと呼ばれるものは遮断化や嫌悪刺激との関連で定義され、特徴的な帰結をもつとされるが、意図されているのは質問や命令などを含むということである。しかしながら、遮断化を命令と関連付けようとしても、せいぜい「XがYを欲する」の言い換えとして「XがY遮断の下にある」が用いられているにすぎないという結果になる。嫌悪刺激についても同様の問題がある。また、質問や命令などが必ずしも予期された反応をもたらすとは限らないことも明らかである。（第7節）

言語オペラントで一番重要とされているタクトは、対象、事象、あるいはその属性によって反応が喚起されると定義され、第3節で取り上げた例はすべてタクトに属する。タクトによる説明は指示物と意味に頼る伝統的な分析より優れているとスキナーは主張するが、第3節で見たように、反応を喚起するはずの属性、すなわち刺激は、反応から独立して客観的に特定されることはない。さらに、過去、未来、あるいは潜在的事象についての言語行動は公にならない刺激によるとして処理されるのだが、この正体のわからない内的刺激を持ち出す「関数分析」は伝統的な分析より劣っている。（第8節）

言語刺激の制御下にある反応はタクトとは区別されている。音声模倣的オペラントということでは、子供の音声模倣の正確さが分化強化によって決まるという証拠はない。言語内オペラントという別のタイプの言語反応は、歴史や科学の事実の大半を含むまでに拡大解釈されていて、無意味な概念と成り果てている。（第9節）

最後に取り上げるオートクリティックというオペラントには文構造に関する事柄が含まれるが、これらはすべて「話者の別の行動から喚起されるか、あるいはそれに伴って生じる行動」として説明されることになっている。しかしながら、具体的な例を見ていくと、スキナーの説明は意味をなしていない。文構造には単に語彙項目を並べるという以上のプロセスが関与していて、これを無視していては言語行動を説明することにはならない。（第10節）

言語行動を研究する際の課題設定としては、言語Lの文を枚挙するメカニズムをLの文法と見なすところから始めるべきである。言語理論はそうした文法の形式特性の研究ということになり、それによって、文がどのように解釈され使われるかについての洞察につながる構造記述が得られるようになる。文法を構築することは実際の言語行動を説明することにはならないが、一方、文を非文と区別し多義性を認識するような驚くべき能力の理解を可能にする。子供の言語獲得においては非常に複雑な文法システムが短期間で構築されているのであるが、それはとりもなおさずヒトがそのようにプログラムされていることを示唆する。言語習得における子供の側からの貢献を研究することによってはじめて、興味深い結果を手にすることができるようになるであろう。（第11節）

［渡辺　明］

# 1

非常に多くの言語学者や言語に関心をもつ哲学者たちが、自分たちの研究が最終的には行動主義心理学が提供する枠組みの中に埋め込まれ、また、そうなることによって難解な研究領域、特に、意味が関係する領域において、実りある探査への道が拓かれるという希望を表明している。ここで批判的検討を行う書物は、言語行動の主要な側面を行動主義の枠組みの中へ組み込もうとする初めての大規模な試みである以上、細心の注意を払うに値するものであり、また、間違いなくそうした扱いを受けることになるだろう。スキナーは動物行動の研究への貢献で著名であり、今回の書評の対象になる著作は、言語行動に関する二〇年以上にわたる研究の成果である。本書の内容は刊行以前にもさまざまな形で研究者の間でかなり広く流布されており、その主要なアイデアに対しては、心理学の文献において、数多くの引用がなされてきている。

スキナーが本書で取り組んだ問題は、言語行動の「関数分析」を行うというものである。スキナーのいう関数分析とは、行動を制御する変数を特定し、それらの変数が特定の言語反応を決定するにあたってどのように相互作用するのかを明らかにすることである。さらに、この制御変数は、刺激、強化、摂取制限という、動物実験においては充分に明確な意味を与えられている概念を用いて完全に記述されることになっている。言い換えれば、この著作の目的は、話し手を取り巻く物理的環境を観察・操作することによって言語行動を予測し制御する方法を提供することである。

スキナーは、動物行動の実験研究における近年の進展によって、この問題にある程度楽観的見込みをもってアプローチできるようになったと考えているようで、その理由として、「言語行動にそれ特有の性格を与えている基本的なプロセスや関係は、今やかなりよく理解されてきている（中略）［こうした実験研究の］結果は、種の違いによる制約を驚くほど受けないことがわかっている。近年の研究により、こういった方法が、大きな改変をせずとも人間行動にまで拡張できることが示されている」（3頁）(1)と述べている。

スキナーの研究プログラムとその主張が極めて大胆かつ注目に値すると見なされるようになっている原因がはたしてどこにあるのかを見極めることは重要である。その主なものは、関数分析をスキナーが自らの課題に据えたことでも、また、研究対象を、観察可能なもの、すなわち入力－出力関係に限定したことでもない。驚くべきは、彼が行動の観察可能な部分を研究する手法に課した特殊な限定であり、とりわけ、行動の因果関係を記述していると彼が主張する「関数」が著しく単純な性格を与えられていることである。複雑な生物（あるいは機械）の行動を予測するには、外的刺激についての情報に加えて、当然、その生物の内的構造、つまり、入力された情報をいかに処理して、自分自身の行動を組織しているかについての知識が必要であろうと思われる。一般的に、生物のこうした性質は、生得的構造、遺伝的に決定された成熟の過程、および過去の経験が複雑に絡みあって生じる。独立の神経生理学的証拠がない限り、生物の構造に関する推測が行動と外部事象の観察に基づくことは当然である。しかしながら、行動の決定において外的要因と内的構造のどちらが相対的に重要であると考えるかは、言語（あるいは、他のあらゆる）行動に関する研究の方向性に大きく影響し、また、動物行動の研究からの類推としてどのようなものが人間行動の研究に対し有意義あるいは示唆的であると考えるかという問題にも重大な影響を与えるのである。

換言すれば、行動の因果関係を分析するという問題を自らの課題として据えた研究者は、(独立した神経生理学的データがない中で)入手可能な唯一のデータ、つまり、入力と現在の反応の記録のみに関心を限定し、入力の履歴を用いて反応を指定する関数を記述しようとすることになる。これは問題の定義をしているにすぎない。この問題を妥当なものとして受け入れるならば、これ以上論ずることは何もない。しかしながら、スキナーはしばしば、この単なる問題の定義を、あたかも他の研究者が却下したテーゼであるかのように提示し、擁護しているのである。学習と運用に対する特定の「生物の寄与」の重要性を肯定する者と否定する者の間に生じる違いは、この関数がもつ特有の性質と複雑さに関わるものであり、また、この関数を正確に指定するためにはどのような類いの観察と研究が必要かということにも関わってくる。生物の寄与が複雑な場合には、たとえおおよその形であっても行動が予測できる望みがあるとしたら、それは、行動自体の詳細な性質と当該の生物特有の諸能力を研究することから始まる、極めて間接的な研究プログラムを通してのみであろう。

スキナーのテーゼは、行動の予測には、現在の刺激と強化の履歴(特に、強化刺激の頻度、配列、および抑制)といった外的要因が圧倒的な重要性をもち、こうした現象に関する実験室での研究によって明らかになった一般原理が、言語行動が示す複雑な性格を理解するための基盤を提供する、というものである。スキナーが実証したと自信をもって繰り返し主張しているのは、話し手の寄与が全くとるに足らない初歩的なものであって、言語行動を正確に予測するには、彼がより下等な生物を用いた実験において抽出した少数の外的要因を指定するだけで充分だ、ということである。

しかしながら、本書(および、本書の元になっている研究)を注意深く検討してみると、こうした驚くべき主張は、とても正当化できるものではないことがわかる。さらに、強化理論の実験室で得られた洞察は、それ自体は極めてまっとうなものであっても、人間の複雑な行動に対しては、あまりにも大雑把でかつ表面的な形でしか適用できないこと、また、言語行動をこうした概念だけで論じようという、憶測にのみ基づく試みにおいては、現在のところその特有の性質を正確に定式化することはできないが、間違いなく科学的研究の対象となるべき根本的に重要な要因が考察から除外されてしまうことも示されるのである。スキナーの研究は、人間の高度な精神機能を伴う行動を、心理学者のみならず、多くの言語学者や哲学者の関心を引きつけてきた類いの厳密な行動主義のスキーマの中に取り込もうとする最も大規模な試みであるため、詳細に検討結果を記録しておくことは、独立した興味の対象となるだろう。言語行動を説明しようとするこの試みがことごとく失敗しているという事実は、考察から除外された要因がいかに重要であるかを示す一種の指標となるし、また、この極めて複雑な現象についていかにわずかなことしかわかっていないかを示す役割も果たすことになる。

スキナーの議論の説得力は、彼が関数分析を提案した諸々の例が膨大でかつ広範であるところにある。彼の研究プログラムが成功したのかどうか、また、言語行動に関する彼の基本的な想定が正しいものなのかどうかを判定する唯一の方法は、これらの例を詳細に検討し、関数分析で使用されている概念の正確な特徴を見定めることである。この書評の第2節では、こうした概念が本来定義されていた実験上の文脈について述べる。第3節と第4節では、「刺激」「反応」「強化」といった基本概念を検討し、第6節から第10節では、言語行動の記述のために特に開発された新しい記述的道具立てをみていく。第5節では、実験室での結果から導き出されたスキナーの根本的主張の位置付けについて考察する。多くの心理学者がこの主張を基盤として人間行動についての類比的推測を提案してきているのである。最終節(第11節)では、こうした問題のいくつかを解明する上で役割を果たすかもしれない今後の言語学的研究のあり方について考えてみたい。

## 2

この本は実験的研究に直接言及しているわけではないが、その内容はスキナーが行動を記述するために開発してきた一般的枠組みの中においてのみ理解することができるものである。スキナーは動物の反応を大きく二つの範疇に分類する。一つは**レスポンデント**で、これは特定の刺激によって誘発される純粋に反射的な反応である。もう一つは**オペラント**である。オペラントは自発的な反応であり、それに対する明らかな刺激を見つけることができない。スキナーが主に取り扱ってきたのは、このオペラント行動である。実験用の装置として彼が導入したものは、基本的に以下の特性をもつ箱である。箱は内壁にレバーが取り付けられていて、そのレバーが押されると小さな餌が一粒トレイに落ちてくる(そして、レバーが押されたことが記録される)。この箱の中に入れられたラットは、すぐにレバーを押してトレイの上に餌を落とすようになる。レバーを押すことの結果として生じたこの状況は、レバーを押すというオペラントの**強度**を増大させたわけである。この場合、餌は**強化子**と呼ばれ、事象全体は強化事象と呼ばれる。スキナーは、消去の期間（すなわち、最後に行った強化から条件付け以前の状態に戻るまでの期間）に起こった反応の生起率によってオペラントの強度を定義している。

明かりが点灯したときに限って餌が放出されるようにすると、ラットは明かりが点灯したときにのみレバーを押すようになる。この現象を**刺激の弁別**という。この場合の反応を**弁別オペラント**と呼び、明かり［の点灯］を弁別オペラント自発のための**機会**と呼ぶが、これはレスポンデントの場合における刺激による反応の誘発とは区別されるべきものである(2)。レバーを押すという行動がある特定の性質（例えば、レバーを押し続ける時間の長さ）をもつときにのみ餌が放出されるように実験装置を調整したとしよう。そうすると、ラットはその条件を満たすような形でレバーを押すようになる。このプロセスは**反応分化**と呼ばれる。反応が強化されるための条件を少しずつ順次に変えていくことによって、ラットやハトの反応を非常に驚くべき形で、しかも極めて短時間のあいだに作り上げていくことができる。このようにして、かなり複雑な行動も漸次的近似のプロセスによって生み出していくことができるのである。

刺激は、すでに強化刺激になっている他の刺激と繰り返し結びつけられることによって、それ自体が強化刺激になることがある。このような場合、新たに強化刺激になった刺激を**二次強化子**と呼ぶ。現代における多くの行動主義者と同様に、スキナーは、金銭、承認、およびそれらに類するものを二次強化子と見なしている。これらは、食物等と結びつくことによって強化刺激となったとするのである(3)。さまざまに異なる一次強化子と結びつけることによって、二次強化子は**般化**することができる。

レバーを押すというオペラント行動の生起率に影響を与えうるもう一つの変数は、動因であるが、この概念をスキナーは摂取制限時間の長さでもって操作的に定義している。彼の学問的主著『生物の行動（*Behavior of Organisms*）』は、健康で成熟したラットによるレバー押し反応の強度に対して食物の摂取制限と条件付けがどのような効果をもつかということに関する研究である。動物の行動に関わる研究におけるスキナーによるもっとも独創的な貢献は、おそらく、さまざまに異なった形で準備された間欠強化がもつ効果の調査であろう。間欠強化の事例は『生物の行動』において提示され、さらに（ハトの「つつき行動」を調査すべきオペラントとして用いた）拡張実験が、近年出版されたファースターとスキナーによる『強化のスケジュール（*Schedules of Reinforcement*）』（1957）において論じられている。スキナーが「動物行動の研究における近年の進展」に言及するとき念頭においているのは、これらの研究のようである。(4)

「刺激」「反応」「強化」といった概念は、レバー押しに関する実験や同様の形で制限された他の実験においては比較的きちんと定義されている。しかしながら、これらの概念を現実世界の行動に拡張しようとすると、いくつかの困難に直面しなくてはならなくなる。まず第一に、ある機会における刺激というのは、生物が反応することが可能なあらゆる物理的事象を指すのか、あるいは、その生物が実際に反応した事象だけを指すのかを決めなくてはならない。また、それに対応して、行動のどのような部分をとってもそれを反応と呼ぶべきなのか、法則性を示す形で刺激に結びついた部分のみを反応と呼ぶべきなのかも決めなくてはならない。この類いの問いは、実験心理学者に対して悩ましい選択を突きつけることになる。広い定義を採用して、生物に影響を与えるどのような物理的事象も刺激であるとし、またその生物の行動のどのような部分も反応であると捉えれば、行動が法則性を示すということは実証されていないと結論付けざるを得なくなる。我々が現在もっている学問的知識では、実際の行動に圧倒的な影響を与えるのは、注意、構え、意志、むら気といった明確に定義されていない要因であるとせざるを得ないのである。一方で、より狭い方の定義を採れば、行動は(それが反応から成り立っている限り)定義上、法則性を示すことになる。しかし、この事実には重要性はほとんどない。なぜなら、動物が行うことの大半は、端的にいって(この定義の下では)行動とは見なされないことになってしまうからである。従って、心理学者は、行動は法則性を示さないと認めるか(あるいは、現時点では、行動が法則に従っているとは示せないとするか——こう認めることは心理学のような発展途上の科学に何のダメージも与えない)、あるいは、行動が法則性を示すような極めて限られた領域(例えば、適切な管理下におけるラットによるレバー押し行動——スキナーにとって、観察された行動の法則性は良い実験というものに対して暗黙の定義を提供している)に自らの研究上の関心を限定するかのいずれかしかない。

スキナーはこれら二つの途のどちらかを一貫して採用するというようなことはしていない。彼自身の行動システムが科学としての性格をもっていることの根拠として実験結果を挙げ、さらに(実験室における専門用語を比喩的に拡張することによって定式化された)類比的推測を彼のシステムがもつ射程の根拠として用いている。こういったスキナーの論法によって、非常に広い射程をもつ厳密な科学理論という幻影が作り出されるが、実際のところは、現実世界の行動を記述するときに用いられる術語と実験室における行動を記述するための術語とは、せいぜい意味が何となく似ているという程度の単なる同音異義語にすぎないのかも知れないのである。この評価をきちんと実証するためには、本書を批判的に検討し、もし文字通りに理解するならば(つまり、この記述システムにおける術語がスキナーの定義しているような専門的な意味合いをもっているとするならば)この著作は言語行動の側面についてほとんど何も取り扱っていないということを示さなければならない。そしてまた、もし比喩的に本書の論述を理解するならば、そこで述べられていることは、言語行動という研究対象に対する伝統的アプローチよりも科学的であるなどとはとてもいえず、明確さや入念さの点でもたいていの場合劣っていることを示していかなくてはならない。(5)

## 3

まず最初に、スキナーによる「刺激」概念と「反応」概念の使い方について検討してみよう。『生物の行動』(9頁)において、スキナーは、これらの術語に対する狭い定義を採用し、環境の一部と行動の一部が法則性を示す形で結びついた場合、すなわち、それらを関係付ける「動的法則」が滑らかで再現可能な曲線を描くときにのみ、それぞれを、刺激(誘発刺激、弁別刺激、あるいは強化刺激)、そして、反応と呼んでいる。通常の人間の行動においてこのように定義された刺激や反応が非常に広い範囲にわたって重要な役割を果たすということは、もちろん示されてはいない。(6) 現在入手可能な証拠をみる限り、刺激と反応の関係における法則性は、刺激と反応という概念からその客観的性格を取り去らない限り、維持し続けることはできない。スキナーのいう「刺激制御」の典型的な例として、ある曲を聴いて〈モーツァルトだ〉と発話する、あるいは、ある絵を見て〈オランダ絵画だ〉と発話する反応等が挙げられよう。スキナーは、こうした反応は物理的対象物もしくは事象の「極めて微妙な性質による制御下」にあると主張している(108頁)。〈オランダ絵画だ〉の代わりに、〈壁紙と合っていないね〉〈君は抽象画が好きだと思っていた〉〈見たことのない絵だ〉〈傾いているね〉〈絵の位置が下すぎるよ〉〈美しい〉〈醜悪だな〉〈去年の夏のキャンプ旅行を覚えているかい〉等々、絵を見たときに心に浮かんだ何らかの言葉(スキナー流の言い方をすれば、充分な強度をもって存在する他の何らかの反応)を発したとする。スキナーはおそらく、これらの反応はそれぞれ、目の前の絵という物理的対象物がもつ何か他の刺激属性の制御下にあると言うしかないであろう。もし我々が赤い椅子を見て〈赤い〉と言ったなら、その反応は「赤いこと」という刺激の制御下にある。もし、〈椅子〉と言ったなら、その反応は(スキナーにとっては、対象物の)「椅子であること」という属性の集まりの制御下にある(110頁)。他のどのような反応についても同様である。この説明方式は単純であると同時に、空疎である。属性はいくらでも好きなように設定できる(つまり、我々の言語に存在する非同義的記述表現——これが厳密に何を意味するのかは別にして——の数だけいろいろ属性があることになる)ので、「制御刺激」を同定することによって、スキナー流の関数分析を用いて広範囲の反応を説明できることになる。しかし、「刺激」という語をこのように使った場合、客観性はすべて失われてしまう。刺激はもはや、外部の物理的世界の一部ではなく、生物の中へと投げ返されてしまっているのである。我々は反応を聞いて刺激を同定する。そうした例——いくらでも存在する——を考えると、「刺激制御」を持ち出す話は、実のところ、メンタリスティックな心理学への完全なる逆戻りを単にごまかしているにすぎないことは明らかである。我々は、話し手を取り巻く環境に存在する刺激から言語行動を予測することはできない。なぜならば、話し手が現在受けている刺激が何であるかは、その話し手が反応して初めてわかることだからである。さらに極めて人工的な場合は別として、個人が反応する物理的対象物の属性を制御することはできないのであるから、伝統的なシステムと異なり、自分が開発したシステムは言語行動の現実的制御を可能にするという(7)スキナーの主張は、全くの誤りである。

「刺激制御」の他の例も、本書全般から受けるまやかしの印象を強めるにすぎない。例えば、固有名詞は「特定の人、もしくは物(という制御刺激)の制御下での」反応であるとされている(113頁)。私はしばしば〈アイゼンハウワー〉や〈モスクワ〉という語を用いてきた。これらの語は、間違いなく固有名詞だと思われるが、これまで私がこれらの語を使ってきたのは、対応する物に「刺激された」からでは決してない。この事実は、どうしたらスキナーの定義と両立させることができるのだろうか。あるいは、今、私が目の前にいない友人の名前を口に出すとする。これは、その友人という刺激の制御下で発せられた固有名詞の例なのだろうか。また、本書の他の箇所では、刺激はその存在が反応の確率を高めるという意味で反応を制御している、という主張がなされている。しかし、相手が話し手の目の前にいるときに、その人の名前を話し手がフルネームで呼ぶ確率が高まるなどということは明らかに成立しない。さらに、この意味では自分自身の名前を固有名詞とはいえなくなるのではないか。こういった疑問が直ちに数多く出てくるのである。ここでの「制御する」という語は、従来の「外示する」や「指し示す」という語を、誤解を招くような形で言い換えたものにすぎないようである。話し手に関する限り、指示の関係とは、「指定された属性をもつ刺激が存在するときに、話し手がある特定の形式の反応を自発する確率にすぎない」という主張(115頁)は、もし「存在」「刺激」「確率」という語を文字通りに受け取るのならば、明らかに誤りである。これらの語が文字通りに受け取られるようには意図されていないということは、多くの例によって示されている。例えば、状況や事態が「刺激」として反応を「制御」している、と言うときなどである。例を拾っていくと、〈干し草の山の中の一本の針〉という表現は、「特定のタイプの状況によって、一つの単位として制御されるかもしれない」(116頁)、ひとつの品詞に属する語(例えば、すべての形容詞)は、微妙な刺激属性のひとつの集合の制御下にある(121頁)、「〈少年が店を経営している〉という文は、極めて複雑な刺激状況の制御下にある」(335頁)、「〈彼は全然調子がよくない〉は、ある状況の制御下にある標準的な反応として機能し、その状況は、〈彼は具合が悪い〉という反応も制御している可能性がある」(325頁)、公使が外国で事件を目撃し、自国に戻って報告するとき、その報告は「遠隔刺激制御」の下にある(416頁)、〈これは戦争である〉という声明は「混沌とした国際状況」への反応であるかもしれない(441頁)、-ed という接尾辞は「我々が過去の行為と呼ぶ微妙な刺激属性」によって制御されており(121頁)、同様に、The boy runs(少年が走る)の -s は、状況の「現在性」といった特定の特徴の制御下にある(332頁)、等々。レバー押し実験に少しでも関連させつつ(ということは、どんなにわずかでもいいから客観性を保ちつつ)、こういった事例をカバーできるような「制御刺激」概念の特徴付けをしようとしても、とても無理である。上記の事例において、例えば、「制御刺激」は反応する生物に作用する必要すらないのである。

ここで、スキナーによる「反応」概念の使用法を検討してみよう。言語行動における単位を特定するという問題は、当然のことながらこれまでも言語学者の主要な関心事であったわけで、単位を体系的に特定するうえで解決すべき多くの困難を克服するにあたり大いに必要とされている手助けを、実験心理学者が提供できてしかるべきだと考えられそうである。スキナーは、言語行動の単位を特定するという問題が根本的問題であることを認識してはいるのだが（20頁）、問題解決には実質的に貢献しそうにない曖昧かつ主観的な答えで満足してしまっている。本書の中で、言語行動の単位――言語オペラント――は、ひとつあるいは複数の制御変数に関数によって関係付けられる特定可能な形式をもつような反応として定義されているが、個別の事例において、何が制御変数なのか、そのような単位がいくつ生じたのか、あるいは反応全体の中で単位の境界はどこにあるのかといったことを決定する方法は全く示されていないのである。二つの物理事象の形式あるいは「制御」にどの程度、あるいはどのような類似性があれば同一のオペラントの現れであると見なすことができるのかを指定する試みも、何らなされていない。要するに、行動を記述する方法を提案する者が必ず尋ねられるような最も初歩的な質問に対してすら、何の答えも用意されていないのである。スキナーは、実験室で開発したオペラントの概念を、言語の領域に、彼の言葉を用いるなら「推定に基づいて拡大適用」したことで満足してしまっている。典型的なスキナー流の実験においては、行動の単位を特定する問題は、それほどの重要性をもたない。行動の単位は天下り的に、記録されたキーつつき行動やレバー押し行動として定義され、このオペラントとそれが示す消去抵抗の比率の体系的な変動が、（餌ペレットの）摂取制限と強化スケジュールの関数として研究される。オペラントはこのようにして、ある特定の実験手続きに関して定義されているのである。この定義は完璧に理にかなっており、ここから多くの興味深い結果が導かれてきた。しかしながら、このオペラントの概念を通常の言語行動に拡大適用すると主張しているのは全く意味をなさない。このような「拡大適用」をしてみても、「言語レパートリー」

の単位について、いったいどのような決定をすれば正しいのか、決め手がないのである。

スキナーは、自らの関数分析の基準となるデータ、すなわち基本従属変数として「反応強度」を挙げている。レバー押し実験においては、反応強度は、消去期間中の反応自発頻度として定義される。スキナーは、反応強度のことを「「学習過程」に関連する条件下で、有意に、かつ、予測された方向に変動する唯一のデータ」であるとかつて論じている[8]。そして、本書では、反応強度は「自発の確率」として定義されている(22頁)。これはいかにも客観的に聞こえる定義であるが、内容をもう少し詳細に検討すれば、すぐさまその印象は消し飛ばされてしまう。本書における「確率」という用語はスキナーにとってかなり曖昧な意味をもつものである[9]。一方では、「各変数がもつ[反応強度に対する]寄与にかかわる我々の証拠は、その変数の出現率の観察のみに基づく」(28頁)と言っておきながら、同時に、反応強度の尺度として出現率を用いるのは誤解を招く恐れが非常に高い、とも考えているようである。例えば、反応の出現率は「主として制御変数の生起率に帰着させることができるかもしれない」(27頁)からである。もし、ある状況において起こる行動が関連する制御変数によって「完全に決定されている」(175、228頁)というスキナーの見解を受け入れるならば、反応の出現率を、それの制御変数の生起率以外の何物かにどのようにしたら帰着させることができるのか不明である。さらに、各変数の反応強度に対する寄与の証拠はその変数の出現率の観察のみに基づいて得られると述べておきながら、「強度の概念は数種類の証拠に基づく」(22頁)ということになっている。具体的には、(特に、通常と異なる状況における)反応の自発、エネルギーレベル(ストレス(強勢))、ピッチレベル、自発のスピードと遅れ、書き物の場合の文字の大きさ等、即座の反復、と列挙し、そして最後に、関連はするものの誤解を招きかねない要因として、全体的な出現率がくる(22－28頁)。

もちろん、スキナーは、こうした指標が互いに共変するものではないということを認識している。なぜなら、(他の多くの理由に加えて)特に、ピッチ、ストレス(強勢)、音量、重複は、それぞれが固有の言語的機能をもつ可能性があるからである。[10] しかしながら、これらの要素が相反する場合もあることを彼は大して重要だと考えていない。強度の指標として提案された要因は文化の中で「人々によって充分に理解されている」(27頁)からだ、というわけである。例えば、「貴重な芸術作品を見せられて〈美しい〉と叫べば、反応の速度とエネルギーは、作品の所有者にしっかりと伝わる」と述べている。しかし、この場合、作品の持ち主を感心させる方法は、大声で、高いピッチで、絵を見て即座に、そして繰り返し(つまり、高い反応強度で)〈美しい〉と叫ぶことだけとは限らないのではないだろうか。絵を黙って見つめ(長い遅延)、それから、やわらかい、低ピッチの声で(つまり、定義上、極めて低い反応強度で)〈美しい〉とつぶやいても同じくらい効果的であることもある。

反応強度、つまり関数分析の「基準となるデータ」についてのスキナーの議論から得られる結論として、彼の行った確率概念の「拡大適用」とは、実際のところ、「確率」といういかにも好ましい客観性の意味合いを帯びた語を用いて、「関心」「志向・意図」「信念」といったステータスの低い語をひとくくりに言い換えてしまおうという決断に他ならないと解釈するのが最も当たっているといっても不当ではないと思う。「確率」や「強度」という術語をスキナーがどのように用いているかをみれば、この解釈が充分に正当化されることがわかる。一つだけ例を挙げると、スキナーは、科学においてある主張が正しいことを立証するプロセスを、「追加の変数を生成して、その主張が実現する確率を増加させること」(425頁)、より一般的には、その主張の強度を増加させることとして定義している(425－429頁)。この提案をそのまま文字通りに受け取るならば、科学的主張が立証される度合いは、その主張が唱えられるときの声の大きさ、ピッチ、そして主張を唱える頻度の単純な関数として測定され、また、その立証の度合いを上げるための一般的な手順は、例えば、その主張を大声で叫べという指示を受けている群集に機関銃を向けることだ、というようなことになってしまうだろう。スキナーがここでいったいどのようなことを念頭に置いていたのかは、進化論がどうやって立証されるかについての彼の記述が、よりわかりやすく示してくれる。「この一組の言語反応は(中略)地質学、古生物学、遺伝学等の分野における言語反応に基づいた数種類の構築物によって、そのもっともらしさを増し、強化される」(427頁)のだそうだ。こういった文脈における「強度」や「確率」という術語は、明らかに、「正当化された信念」「保証された主張可能性」等々のよりありふれた表現の言い換えとして解釈すべきものである。「効果的行為の頻度が次には聞き手の「信念」とでも呼べるものを説明する」(88頁)、あるいは「同様に、誰かの発言に対する我々の信念は、その人が提供する言語刺激に反応して行動する傾向の関数である、もしくはその傾向と同一である」(160頁)と書かれているのを読むときにも、おそらく同様の解釈上の裁量が求められている。(11)

「刺激」「制御」「反応」「強度」という術語をスキナーが以上のように使っているのをみれば、第2節の最後の段落で述べた全体的結論が正当化されることは明らかだと思う。実際のデータにこれらの術語がどう適用されているかをみてわかるのは、これらの術語が行動を記述するときに広く用いられる日常的語彙の単なる言い換えにすぎないものであって、実験室内での実験の記述に使用される同音異義表現とは取り立てて関連がないと解釈しなければならないということである。当然ながら、こうした術語上の改訂は、従来の「メンタリスティックな」記述方式に対して何ら客観性を加えるものではない。

# 4

レバー押し実験のデザインから借用したもうひとつの基本的な概念が「強化」である。この概念も、これまでと同様の、そしてさらに深刻な問題を引き起こす。『生物の行動』における論述をそのまま引用すると、「強化の操作は、刺激か反応のいずれかに時間的に関連させて特定の種類の刺激を提示することとして定義される。強化刺激は、その力によって結果的に[強度に]変化を起こす刺激として定義される。ここには何の循環性の問題もない。変化を起こすことがわかっている刺激もあれば、そうでない刺激もある。それに応じて、前者は強化刺激、後者は非強化刺激に分類される」(62頁)。これは、強化スケジュールの研究にとっては全くもって適切な定義である。[12] しかしながら、この定義は、現実世界の行動を論ずるにあたっては、強化する刺激(そして、その刺激が強化する際の状況と条件)というものを何らかの形で特徴付けることができないかぎり全く役にたたない。まずは、スキナーが「条件付けの法則」(効果の法則)と呼んでいる基本原理の位置付けを考えてみよう。この法則は「もしオペラントの生起に続いて強化刺激が存在するならば、その強度は高められる」(『生物の行動』21頁)と書かれているが、上述の「強化」の定義からして、この法則は同語反復になる。[13] スキナーにとって、学習とは、単に、反応強度の変化のことである。(14) 強化の存在が行動の学習と維持のための十分条件であるという言明は中身がないが、強化の存在が学習の必要条件であるという主張は、強化子のクラス（および適切な状況）の特徴付けの仕方によっては、いくらか内容をもつことになるかもしれない。実際、言語を学習し、かつ、成人になっても引き続き言語反応を継続できるようにするためには強化が必要条件であると考えていることをスキナーは明言している。(15) しかしながら、本書においてスキナーが「強化」という術語を用いるときのいい加減さを考えると、この主張の真偽を検討しても全く無意味である。スキナーが「強化」と呼ぶものの例を調べてみると、強化子が同定可能な刺激でなければならないという要請すらまともに受け取られていないことがわかる。実際、この術語はあまりにもいい加減な使われ方をされていて、その結果、強化が行動の学習と維持のために必要であるという主張も同様に空虚なものとなっているのである。

このことを示すために、「強化」の例を検討してみよう。まず、自動的自己強化という概念がいたるところで援用されていることがわかる。例えば、「人はそのことによって受ける強化ゆえに、（中略）自分自身に向かって話す」（163頁）。「子供は飛行機や路面電車……の音を模倣するとき、自動的に強化される」（164頁）。「託児所にひとりでいる幼児は、他人がしゃべっている際に聞いたことがある音声を自分で出すとき、自らの手探りの音声行動を自動的に強化しているのかもしれない」（58頁）。「同時に一人前の聞き手でもある話し手は、「自分が反応を正確にそのまま繰り返したかどうかがわかり」、そのことによって強化される」（68頁）。思考とは、「行動をする人間に自動的に影響を与え、そのことによって強化的であるところの行動である」（438頁、これによると、指を切るということも強化的で、思考の一例となるはずである）。「物語を語ることは、それを声に出して行おうがそうでなかろうが、聞き手としての話し手にとって強化的である。ちょうど、音楽家が自ら聴くことによって強化される曲を演奏あるいは作曲したり、あるいは画家が自らを視覚的に強化する絵を描いたりするのと同様に、物語を語ることに従事する話し手は、自分が聞くことによって強化される話を語り、あるいは、自分が読むことによって強化される話を書くのである」（439頁）。同様に、問題解決の際に払う注意や合理的説明を考えることも自動的に自己強化になる（442－443頁）。他者の強化ということでは、言語行動を自発することそのものによって（なぜなら、これによって嫌悪刺激が生じないようになるため、167頁）、また、言語行動を自発しない（沈黙を保ちつつ人に注意を向ける、199頁）ことによって、あるいは、将来、何らかの機会に適切にふるまうことによって可能である（「［話し手の］行動の強度は、与えられた状況に関して聞き手が示す行動によって主に決定される」。これをスキナーは、「コミュニケーション」つまりは「聞き手に知らしめること」の一般形式であると考えている、152頁）。他者がからむ大半の場合は、もちろん、強化が起きているときに話し手はその場にいない。「画家が（中略）自分の作品が……他の人々に対して与える影響によって強化される」（224頁）場合、あるいは、作家が、自分の「言語行動が何世紀も超えて何千人もの聞き手また読者に同時に届くかもしれない」という事実によって強化される場合などである。「作家は頻繁に、また直ちに強化されるとは限らないが、全体的にみた強化は非常に大きなものになりうる」（206頁、このことは作家の行動がもつ絶大な「強度」を説明する）。批判を行ったり悪い知らせを伝えたりすることで誰かを傷つけるのも強化的であるかもしれないないし、あるいは、競争相手の理論をひっくり返す実験結果を公表することも強化的かもしれない

（154頁）。もし起こったら強化的であるような状況を記述すること（165頁）、繰り返しを避けること（222頁）、あるいは、誰も呼んでいないのに自分の名前が呼ばれたように「聞こえる」ことや自分の子供が発する喃語の中に存在しない語を聴き取ること（259頁）、そして、重要な弁別的機能をもつ刺激の効果を明確にするか増大させる（416頁）こと、等々は、すべて強化的ということになるのかもしれないのである。

　このようなもろもろの例を抜き出してながめてみると、強化の概念は、かつてもっていたかもしれないいかなる客観的意味も完全に失ってしまっていることが見て取れる。上記の例にざっと目を通してみると、人は反応を全く自発しなくても強化されうるし、強化的「刺激」は「強化される人」に影響を与える必要もない、あるいは存在する必要すらない（想像されるか、または望まれるかするだけで充分である）、ということがわかる。ある人が自分の好きな音楽を演奏したり（165頁）、好きなことを話したり（165頁）、好きなことを考えたり（438－439頁）、好きな本を読んだり（163頁）するのは、そのような行動が強化的であるとその人が見なしているからである、とか、我々が本を書いたり事実を人に知らせたりするのは、読者あるいは聞き手に最終的にとってほしいと願う行動によって我々が強化されているからである、とかいうようなくだりを読むと、「強化」という術語は純粋に儀式的な機能しか有していないという結論を下さざるを得ない。「XがY（刺激、状況、事象、等）によって強化される」という表現は、「XがYを欲する」「XがYを好む」「YであればよいのにとXが思う」等をひとくくりにする表現としてここでは用いられている。「強化」という術語を持ち出すことに何ら説明力はなく、そういう言い換えによって、希望や嗜好等の記述に何らかの新たな明確さや客観性が導入されるとかりそめにも考える人がいるとしたら、それは大いなる勘違いである。新たな用語法を導入することで得られる唯一の効果は、それによって言い換えられる概念の間に存在する重要な相違点を覆い隠してしまうことでしかない。「強化」という術語がこのように極めてゆるい解釈のもとで用いられているということをひとたび認識すれば、本書における鬼面人を驚かすようなコメントの多くは、それらが当初もっていたインパクトを失ってしまう——例えば、創造的な芸術家の行動は「強化の随伴性によって完全に制御されている」(150頁)というような発言である。心理学者に期待されてきたのは、普段使う言葉で無造作かつインフォーマルに述べられている日常行動が、どのようにすれば、注意深い実験や観察を通して開発された概念を用いて明確に説明されるのか、あるいはまた、より良い図式で置き換えることができるのかを何らかの形で示すことである。実験室から借用された術語を日常の言葉と何ら変わることのない曖昧さでもって使ってしまうような単なる用語法の改訂は、どう考えてみてもおよそ興味を引くものではない。

あらゆる言語行動は、強化を通して獲得され、また「強度」が維持される、というスキナーの主張は全く空虚であるように思える。なぜなら、彼の提唱する強化の概念には明確な中身が何もなく、言語行動の獲得あるいは維持に関連するいかなる要因をも(検出可能か否かにかかわらず)包摂する術語としての機能しかないからである。[16] スキナーの「条件付け」という術語の使い方にも同様の難点がある。パブロフ型条件付けおよびオペラント条件付けというのは、心理学者による真の理解が得られているプロセスである。人間に対する物事の教授はそうではない。物事の教授や情報の提供は条件付けにすぎないという主張(357‐366頁)は無意味である。もし我々が「条件付け」という用語を物事の教授や情報の提供といったプロセスを含むような形で拡張すれば、この主張は真になる。しかし、それがもつ比較的明確で客観的な性格を奪うようなやり方で「条件付け」という術語を定義し直してみても、問題のプロセスについて理解が深まったことにはならない。もし「条件付け」を文字通りの意味で用いるならば、我々の知る限り、この主張は全くの間違いなのである。同様に、「述定の機能は、ある名辞から別の名辞へ、あるいはある対象から別の対象へ、反応の転移を促進することである」(361頁)と言ってみても、何か意義があることを言ったことには全くならない。〈クジラは哺乳類である〉という述定について、今言ったこの主張がどのような意味で当てはまるのだろうか。スキナーが挙げている例を取り上げてみよう。〈電話が故障している〉という文が聞き手に与える効果は、単純な条件付けのプロセスを通して、かつて「故障している」という刺激に制御されていた行動を「電話」という刺激(あるいは電話機そのもの)の制御下に置くことである(362頁)とのことであるが、このように言うことにどんな意味があるのだろうか。この場合、どのような条件付けの法則が成り立っているのだろうか。さらに、〈故障している〉という刺激によってどのような行動が理論上「制御されている」のか。聞き手の行動は、〈故障している〉という述語が当てはまる対象やその時点での聞き手の動機付け等によって、怒りから喜びまで、その対象物を修理するという行動からそれを投げ捨てるという行動まで、あるいは、それを単に使わないという行動から、(例えば、本当に故障しているのかどうか確かめるために)いつも通りに使ってみようとする行動まで、多岐にわたる。このような場合に、「条件付け」であるとか「それまでに出現可能になっている行動を新たな刺激の制御下に置くこと」などというような話をするのは、ある種、科学のまねごとをしているにすぎない。注43も参照。

## 5

「言語共同体によって強化の随伴性が注意深く整えられていることが、言語学習のための必要条件である」という主張は、何らかの形をとっていろいろな所で提唱されている。[17] この説は、実際の観察に基づいたものではなく、より下等な生物に関する実験室における研究から類推されたものなので、その根源的な主張が実験心理学プロパーにおいてどのような位置付けをされているのかをみておくことが重要であろう。強化の特徴付けのうち最もよくみられるのは、動因低減に基づくものである(ちなみに、スキナーはこれをはっきりと却下している)。[訳注1] この特徴付けには、実際の学習内容とは独立に何らかの方法で動因を定義することによって実質を与えることができる。もし、学習が起こるという事実をもとにして動因を措定するのであれば、強化が学習のために必要であるという主張は、スキナー流の枠組みの中でと同様に、内実のないものとなってしまうであろう。動因低減を伴わない学習(潜在学習)が存在しうるかという問題については、大量の文献が存在する。ブロジェットによる「古典的」実験では、報酬を与えられずに迷路を探索していたラットは(迷路を探索していなかった対照群に比べ)、餌の報酬を導入したとたん、エラー回数が目に見えて低下し、ラットが空腹という動因の低減がなくても迷路の構造を学習していたことを示唆する結果が示された。動因低減論者は、報酬が与えられる前の学習において探索動因が低減したのだと反論し、餌の報酬が与えられる前でもエラー回数のわずかな減少を認めることができると主張した。さまざまな実験が同様のデザインで行われ、いささか相反する結果が出ている[18]。潜在学習という現象の存在に未だに疑いを抱いている研究者は、ほとんどいない。ヒルガードは学習理論全般の概説[19]において、「適切な状況下であれば、潜在学習の存在が実証可能であるということについてもはや何の疑いもない」と結論付けている。

より最近の研究ではさらに次のようなことがわかってきている。刺激が新奇なもので多様であれば、ラットの好奇心を喚起して（視覚的に）探索する動機を与え、実際に学習させるのに充分である（新しい刺激と今まで繰り返されてきた刺激の二種類が提示された場合に、ラットは新しい刺激の方に関心を向けるようになるのである[20]）。また、ラットは二項選択の迷路において複雑な迷路につながっている方の道を選ぶことを学習するようになるので、複雑な迷路を走りぬけることが唯一の「報酬」というわけである[21]。サルは、視覚的探索（三〇秒間窓から外を覗くこと）を唯一の報酬として物体の弁別を学習し、識別行為の効率を高いレベルで維持できる[22]。そしておそらく最も驚くべき事実として、サルや類人猿は、檻の中にかなり複雑な操作パズルを単に置いておくだけで、それを解くようになること、つまり、探究や操作のみを誘因として弁別問題を解くことが示されているのである[23]。これらの事例においては、問題を解くこと自体がその「報酬」であるようだ。強化論者がこの種の結果を扱うことができるようになるためには、好奇心、探索、操作といった動因を立てることを受け入れるか、あるいは、こうした事例において学習が起こっているという事実以外には何ら証拠がないにもかかわらず何らかの獲得性動因[24]が存在するとして、それに関する思弁を巡らすしかない。

ほかにも、学習のためには動因低減が必要であるとする見解に疑義を呈するべく提出されたさまざまな種類の証拠がある。感覚から感覚への条件付けに関する結果は、動因低減のない学習を立証するものであると解釈されている。[25] オールズは、脳への直接刺激による強化の実験について報告し、報酬を与えるには、生理的要求を満足させる必要も、動因刺激を取り除く必要もないとの結論を下した。[26] この点に関しては、動物学者によって長年にわたって観察されてきた刷り込みの現象が特に興味深い。例えば、鳥の最も複雑な行動パターンの一部は、幼いときの臨界期に接したのと同じタイプの物体や動物に向けられる。[27] 刷り込みは、ある特定の方向に学習し、(多くの場合、その学習が起こってから長期間経ってはじめて)その限定されたタイプのパターンや対象物に対して適切に反応するようになるという動物の生得的性向を示す最も驚くべき証拠である。従って、刷り込みは報酬のない学習なのである——むろん、その結果として生じる行動パターンが強化を通して洗練されることはあるかもしれないが。鳴禽の典型的なさえずりの中には、刷り込みの一種によって獲得されるものもある。ソープは、「通常のさえずりの特徴のうちには、完全なメロディーをさえずることができるようになる以前の、ごく幼い時期に学習されるものがある」ということを示す複数の研究[28]について報告している。この刷り込みの現象は近年、実験室における条件管理のもとで調査研究されてきており、肯定的な結果が報告されている。[29]

こうした一般的なタイプの現象は、我々の日々の生活においても間違いなくなじみ深いものである。我々は、今まで自分が特に関心を向けたことがない人や場所でもそれと認めることができる。強化理論を論駁するために、あるいは退屈しのぎのため、もしくはどうでもいいような好奇心、といった動機だけで、本で調べものをして完璧に学習することができる。研究に従事している者なら誰でも、他の誰も読まないであろう論文を書いたり、誰からも重要だと思われず、およそ考えうる何の報酬も得られそうにない問題を解いたりすることに時間を忘れて没頭した経験があるはずだ――こう考えると、研究者というものはどうでもいいことに時間を浪費する人種であるという一般の見解も、あながち間違いではないのかもしれない。ラットやサルもこれと同様の行動をとるという事実は興味深く、また、そのことを実験によって注意深く示すことには重要な意味がある。事実、今まで述べてきたようなタイプの行動に関する研究には、動因低減なしの学習は不可能であるという主張に疑問を呈するという二次的重要性をはるかに上回る、独立した積極的な意義があるのである。このように射程を広げた動物行動の研究から得られる洞察が、言語行動のような複雑な活動に対して、強化理論がこれまでのところ提示できていない類いの関連性を有している可能性は決して否定できないだろう。それはともかく、現在入手可能な証拠に照らして考えれば、結果として生じる行動の変化とは独立して同定できる概念として強化を真剣にとらえるかぎり、学習には強化が必要であるとあえて主張する研究者がいるとはおよそ考えにくいのである。

同様に、子供が大人や他の子供を何の気なしに観察し、模倣することによって、かなりの言語行動および非言語行動を獲得するということは疑う余地がないように思われる[30]。注意深く分化強化を行うことで子供の言語レパートリーを形づくる大人の側が「周到な配慮」をすることを通してしか言語を学習できないというのは、学問的雰囲気が強い家庭ではそういう配慮がよくある習慣かもしれないこととは別として、全くの誤りである。移民の両親のもとに生まれた幼い子供が街中で周囲の子供たちから驚くべき速さで第二言語を学習すること、そして、そうした子供の話しぶりが全くよどみなく流暢で、個々の異音に至るまで正確であるのに対し、子供にとっては第二の天性となるような細かなニュアンスの使い分けが、強い動機を保って練習を重ねてもその子供の両親にはよくわからないこと、などはよく観察されている。子供は、テレビ、読書、大人の会話等から語彙や文構造に対する「感覚」の多くの部分を身につけることができる。新たな発話を形成するための最低限の語彙をまだ獲得していない非常に幼い子供ですら、親の側が教えようとしなくても、早いうちから語を模倣しようと試みて見事に成功することもあるのだ。まして、発達のもう少し後の段階になると、全く新しく、かつ、自らの言語において容認可能な文から成る発話を作り出し、理解できるようになるのは、全くもってわかりきったことである。大人が新聞を読むときは毎度毎度、必ずや、数えきれないほどの新しい文に出会うが、それらが以前聞いたことがあるどのような文とも単純な物理的意味で全く似ていないものであっても、文と認識して理解するのである。さらに、ちょっとしたゆがみ、つまりは誤植を見つけることもできる。こういった事例において「刺激般化」の話を持ち出すのは、単に新しい見出しの下で、謎を未解決のまま存続させているにすぎない。これらの能力は、環境からの「フィードバック」とはおよそ独立にはたらく根源的なプロセスが存在するに違いないことを示している。分化強化を通して徐々にかつ入念に言語行動を作り上げていくことが言語学習のための絶対条件であるというスキナーらの教理を支持するような根拠は、どこをどう探しても見当たらない。もし強化理論がそうした周到な配慮の存在を本当に要求しているのだとしたら、この事実は、強化理論的アプローチが誤りであることを端的に示す背理法的論証と見なすのが一番であろう。また、言語共同体によって提供される強化随伴性こそが、言語行動の強度を維持することを可能にする唯一の要因であるという主張の基盤を見つけること(さらにいえば、そういった主張を内容があるものにすること)も容易ではない。

言語行動が示す「強度」の源泉は、現時点ではほぼ全くの謎といってもよいのである。強化が重要な役割を演じることは疑いえないが、動機付けに関わるさまざまな要因もまた、重要な役割を演じている。そして人間の場合、こういった動機付けの要因については、重要なことは何もわかっていないのである。

言語の獲得に関する限り、強化、何の気なしの観察、（模倣に対する強い傾向性を伴う）生来の好奇心が重要な要因であることは明らかであるように思われるが、同時に、極めて特殊でかつ見たところ高度に複雑な様式をさまざま用いて、一般化を行い、仮説を立て、そして「情報を処理する」驚くべき能力を子供がもっていることもまた重要な要因なのである。この能力に関して、我々はまだ何も述べることができないし、理解し始めているともいえない。大部分生得的なものなのかもしれないし、何らかの学習を通して、あるいは神経システムの成熟によって発達するものなのかもしれない。言語獲得においてこういった諸要因がどのようにはたらき、また相互に作用し合うのかについては全く知られていない。このような場合に必要なのは研究をすることであって、たまたま自分が興味をもっている実験報告書のごく一部からの類推をもとにして独断的かつ全くもって恣意的な主張を行うことではないのは明らかである。

こういった主張が的外れであることは、熟練の、あるいは複雑な動作振舞いがある定まった形態をとることに対して、先天的構造、成熟、そして学習がそれぞれどの程度の役割を担っているのかを解明することはそう簡単ではない(31)という周知の事実を考えてみれば明白である。一つだけ例を挙げるなら(32)、ツグミのひなの大きく口を開けるという反応は、最初は巣を揺らすことによって触発され、後には、特定の大きさと形を有し、ひなに対して特定の位置にあるような動く物体によって触発される。この後期段階でのひなの反応は、刺激となる物体における親鳥の頭に対応している部分に向けられており、また、正確に記述することができる複雑な刺激の配列を用いて特徴付けることができる。これだけの知識をもとに、こうした一連の行動パターンが分化強化の過程を通してどのように発達したかということに関して、思弁的な学習理論的説明を作り上げることも可能であろうし、また、ラットを訓練して同じような行動をさせることも間違いなく可能であろう。しかしながら、極めて複雑な「サイン刺激」に対するこうした反応が遺伝的に決定されており、学習抜きで成熟するということに対しては強い証拠があるようである。この可能性を無視するわけにいかないのは明らかだろう。これと比較対照できる事例として、子供が新しい語を模倣する場合を次に考えてみよう。初期の段階でみられるのは、かなり大雑把な対応関係かもしれない。後の段階になると、正確な復唱からは当然ながらほど遠い(つまり単なる模倣ではない、ということの事実自体が興味深い)のだが、当該言語の音韻構造を構成する高度に複雑な音特性の配列を再現しているのがわかる。ここでも、この結果が精巧に整えられた強化随伴性を通してどのようにして得られたのかについて思弁的説明を提案することはできるだろう。しかし、また、複雑な聴覚入力から音韻的に関連する特徴を抽出する能力が、強化とは大部分独立に、遺伝的に決定された成熟を通して発達するのかもしれないという可能性もある。このことが真実である限り、生物の構造を考慮せずにその行動の発達と原因を説明しようとしても、実際に起こっていることの理解には全くつながらないのである。

言語獲得の特性を決定するのに圧倒的影響力をもつ要因は、何らかの特定の方法で情報を取り扱うような生得的能力ではなく、経験であるに違いないとしばしば論じられる。子供は自分が生活しているグループの言語を話すようになるから、というのがその理由であるが、これは皮相な議論である。思弁的議論をしてよいのならば、我々の脳がある段階まで進化したことによって、中国語の文が観察によって入力として与えられれば(見たところ途方もなく複雑で迅速な「帰納」によって)中国語文法の「規則」を脳が作り出し、また、英語の文の入力が観察によって与えられれば(おそらくは、全く同じ帰納のプロセスによって)英語文法の「規則」を脳が作り出せるようになっているという可能性を考えてみることができる。あるいは、ある名辞が特定の事例に適用されることを観察すれば、複雑に関連し合った事例類にまでその適用を自動的に拡張できるということを脳が予測している可能性も考えることができる。こういった思弁は、それが思弁であると明確に認識している限りにおいて、非合理的でも現実ばなれしているわけでもなく、さらにいえば、研究の手がどうにも届かない領域に属しているわけでもない。もちろん、結果として生じる行動を観察することから導きだされるような特定のやり方でもって今述べた課題を遂行することができる神経構造の存在は、現時点では明らかになっていない。しかし、それをいうのであれば、ごくごく単純な種類の学習を説明できるような神経構造でさえも同様に解明が及んでいないのである。[33]

ここでの短い議論を要約すると、以下のようになる。言語獲得の過程における環境からの「フィードバック」と「ヒトという生物からの独立の寄与」のどちらが相対的に重要であるかについて、何か特定の主張を支持する経験的証拠も、知られている論拠も存在しないように思われる。

## 6

さて、次に、スキナーが言語行動の記述に特化して開発したシステムをみていこう。このシステムは「刺激」「反応」そして「強化」の概念に基づいたものであるから、第5節まででみてきたことからして、それが曖昧で恣意的なものであろうと結論付けることもできよう。しかしながら、第1節で述べた理由により、これらの概念のみを用いて組み立てたどのような分析もいかに的外れにならざるを得ないか、さらに、このシステムが言語行動に関する事実の説明にいかに完全に失敗しているかということを詳細にみていくことは重要であると考える。

まず、「言語行動」という用語自体を考えてみよう。この用語は、「他者の媒介を通して強化される行動」と定義されている（2頁）。明らかに、この定義はあまりにも広すぎる。これでは、例えば、スキナー箱の中でのラットのレバー押し、子供の歯磨き、ボクサーが対戦相手の前であとずさりすること、整備士が自動車を修理すること等も「言語行動」に含まれることになる。逆に、通常の言語的行動のうちどの程度が、スキナーのいう意味での「言語」行動に該当するのかは、よく考えてみなければならない問題である。もし「強化される」という用語に最低限の実質的意味を付与するならば、おそらく、先に指摘したように、ほんのわずかな一部分だけという答えになるだろう。この定義は後に、強化する人（「聞き手」）からの媒介としての反応それ自体が「話し手の行動を強化するというまさにそのことのためにあらかじめ条件付けられていなければならない」（225頁。強調はスキナー自身による）という条項を追加することでより精密になっている。ただ、このように手を加えても、上記の例において、それぞれ、心理学者、親、対戦相手のボクサー、あるいは顧客の「強化的」行動が適切な訓練の結果であると仮定することができれば(この仮定は、おそらく、それほどおかしなことではない)、上記の例は、やはり言語行動に含まれることになる。一方で、定義の精密化によって、以前の定義では言語行動として包含されていた言語的行動の断片の相当部分が、間違いなく除外されてしまうことになる。例えば、私が通りを横切ろうとしているときに〈車に気をつけて〉と叫ぶ誰かの声が聞こえて、飛び退いたとする。この場合、飛び退くという行為(スキナーの用語法では、媒介し強化する反応)が話し手の行動を強化するというまさにそのことのために条件付けられていた(すなわち、私が飛び退くように訓練されていた)と提案することにはかなり無理があるだろう。その他、広範にわたる諸々の事例に関しても同様である。このより精緻になった定義によって「伝統的に言語の領域として認識されているものに我々の主題を限定するのだ」(225頁)というスキナーの主張は、はなはだしく間違っているように思える。

## 7

言語オペラントはスキナーによって、弁別刺激、強化、その他の言語反応に対しての「関数的」関係の観点から分類されている。(訳注2) **マンド**は「言語オペラントの一つで、そこでは反応が特徴的な帰結によって強化され、そのため、遮断化もしくは嫌悪刺激という関連条件の関数的な制御下にある」と定義される(35頁)。これは、質問や命令等をマンドに含むことを意図している。この定義で用いられている術語は、それぞれ数多くの問題を引き起こす。〈塩をとって〉というようなマンドは、一種の反応である。反応の形式を観察するだけではその反応がこの類に属するかどうかは決定できず(スキナーはこの点を極めて明確に認めている)、制御変数を同定することによってのみ決定できる。しかし一般に、それは不可能である。レバー押し実験において、遮断化は、箱の中の動物が餌や水を与えられない時間の長さを用いて定義されている。しかし、ここでの議論の文脈においては、これは全く不可解な概念である。「遮断化の関連条件」を「制御される」反応とは独立して定める方法について述べようとする試みは、ここでは全くなされていない。実験者の操作によってそれを特徴付けることができると言われても(32頁)、何の役にも立たない。もしも、経過時間の長さでもって遮断化を定義するならば、人はいかなる時点においても数えきれないほどの遮断状態にあることになる。(34) 話し手が塩をとってくれと言ったという事実に基づいて、遮断化の関連条件は(例えば)「塩の遮断」であったと決めなくてはならないだろう(マンドを「設定する」強化的共同体も、同様の苦境に陥っていることになる)。この場合、マンドが関連する遮断化の制御下にあるという主張は空疎であり、我々は、(スキナーの意図とは逆に)反応の形式のみに基づいてそれをマンドとして特定していることになる。上記の定義における「関連(する)」という語は、かなりややこしい問題の存在を隠しているのである。

〈塩をとって〉というマンドの場合、関数分析のためにはあまり役に立っていないようではあっても、「遮断化」という言葉は全く場違いというわけではない。しかし、話し手が〈その本を私にくれ〉〈私を車で連れ出して〉〈私にやらせて(処理させて)〉と言ったときには、これらのマンドにどういった種類の遮断化を結びつけることができるのだろうか。関連する遮断をどのように決定し、測定すればよいのだろうか。この場合、これまでと同じく、「遮断化」という概念がせいぜい、言語行動のごく小さな断片に関連するだけであるとするか、そうでなければ、「XがY遮断の下にある」という言明は、「XがYを欲する」ということの奇妙な言い換えであって、その客観性のニュアンスは、誤解を招くだけでとても正当化できるものではないと結論付けざるを得ないと思う。

「嫌悪制御」という概念も同じように混乱した概念である。この概念は、おどし、殴打等々を包含するとされている(33頁)。嫌悪刺激がどのように機能するかに関しては簡単に記述されているだけである。もし、話し手が適切な強化の履歴を有しているならば(例えば、もし「被害の恐れ——すなわち、以前被害が続いて起こり、従って条件付けられた嫌悪刺激に該当する事象——がなくなること」が何らかの反応に続いて起こるならば)、それまでは被害がその後に生じていたような脅威が提示された場合に、その話し手は適切な反応をする傾向がある。この記述からは、〈金を出せ、さもないと命はない〉(38頁)というマンドに対して、過去に殺された履歴がない限り適切に反応することはできない、という結果になりそうである。しかし、より注意深い分析によって、嫌悪制御のメカニズムを記述する上での諸々の困難がどうにかして取り除かれたとしても、遮断化の場合について述べたのと同様の理由で、オペラントの同定にはほとんど役に立たないであろう。

こうしてみてくると、スキナーの用語法では、ほとんどの場合、当該の反応がある特定のマンドの事例なのかどうかを決定する方法はないように思える。ゆえに、上述の定義の場合と同じように、あるマンドがもつ特徴的な帰結について語ることは、彼のシステムの用語法内では意味をなさないのである。さらに、マンドを何とか同定できるようにシステムを拡張したとしても、我々の大半は、自分の要求、命令、助言等が特徴的に強化されるほどの幸運の持ち主ではない(にもかかわらず、それらは、かなりの「強度」で存在することがある)という明白な事実に直面しなければならなくなる。それゆえ、これらの反応を、スキナーはマンドとは見なすことができないであろう。事実、スキナーは、「魔術的マンド」(48－49頁)の範疇を設定することで、「指定された効果、あるいは、類似の場面での類似の効果をかつてもっていたことを示すことでは説明がつかないようなマンド」(ここでの「かつて」は、「特徴的に」という言い方に改めるべきである)の事例をカバーしようとしている。これらの擬似マンドにおいては、「話し手は単に、特定の遮断化ないしは嫌悪刺激の状態に対する適切な強化を述べているにすぎない」。言い換えれば、我々が「強化」や「遮断化」に付与するように仕向けられた意味によると、話し手は自分が欲するものを求めるということになる。「話し手は古いマンドからの類推により新しいマンドを創造するようである」と言われても、やはり大して理解の助けにはならない。

自らの提案する新しい記述システムは「用いられている術語が実験操作に関連させて定義できるので」従来のものよりも優れている、とするスキナーの主張(45頁)もまた、幻想である。「XがYを欲する」という言明は、レバー押しの頻度と餌を遮断された時間の間に成立する関係を指摘することで明確になるようなものではない。「XがYを欲する」を「XがYを遮断されている」に置き換えても、行動の記述に何ら新しい客観性を加えることにはならない。さらに、スキナーは、マンドによる新しい分析が優れているとするさらなる理由として、要求、命令等の伝統的な分類に対して客観的基盤を与えていることが挙げられると主張している(38－41頁)。伝統的な分類は話し手の意図を用いたものであるが、意図というものは強化随伴性に還元でき、それに応じる形で、従来の分類は、聞き手の強化的行動の点から説明できるとスキナーは考える。従って、例えば質問は、「言語行為を指定する」マンドであり、「聞き手の行動によって、要求、命令、あるいは懇願に分類できる」という(39頁)。「聞き手が話し手を強化する独立の動機をもっている」ならば要求であり、「聞き手の行動が……脅威を軽減することによって強化される」ならば命令になる。そして、「情動性向を生み出すことにより」マンドが「強化を促進する」ならば懇願である。話し手の強化を媒介することの帰結によって聞き手が正の方向に強化されるならば、そのマンドは助言であり、「話し手によって指定された行動を実行することで聞き手が嫌悪刺激から逃れられる」ならば警告である、等々。もし、スキナーが「要求」や「命令」等の語を対応する英語に少しでも近い意味で用いているのだとしたら、こうした説明はすべて、明らかに誤りである。「質問」という語は命令を含まない。〈塩をとってください〉は、聞き手がそれを実行する動機をたまたまもっていようがいまいが、要求である(しかし質問ではない)。そして、要求を向けられた相手が皆、好意的に反応するように傾向付けられているとは限らない。命令が守られなかったからといって、命令が命令でなくなるわけではないし、もし相手が、含意された、あるいは勝手に想像した脅威を理由に答えたとしても、質問が命令になるわけではない。すべての助言が良い助言とは限らないし、従ってもらえなかったからといって、反応が助言でなくなるわけでもない。同様に、警告が、勘違いに基づくものであることもある。警告を心に留めることが嫌悪刺激の原因になるかもしれないし、それを無視することが肯定的な強化になることもある。以上、要するに、スキナーが提案しているこういった分類全体が的外れなのである。ちょっとでも考えてみれば、特定の聞き手の行動や性向をもとにして要求、命令、助言等をお互いに区別することが不可能であるのは容易に立証できる。また、聞き手全員の典型的な行動をもとに、そのような区別ができないことも明らかである。助言の中には、決して受け入れられないもの、また、場合を問わず良くないものなどがある。他の種類のマンドについても同様である。スキナーが伝統的な分類をこのような形で分析することにさも満足気なのは、極めて不可解である。

## 8

マンドは先行刺激に対して特定の関係をもたないオペラントである。一方、**タクト**は、「特定の対象もしくは事象、あるいは対象や事象の属性によって所定の形式の反応が呼び起こされる（あるいは少なくとも強化される）場合の言語オペラント」と定義される（81頁）。刺激制御に関する議論（第3節）で引用した例はすべてタクトである。「刺激制御」という概念がはっきりしないものなので、タクトの概念も自ずと相当不可解になる。しかしながら、タクトは「言語オペラントの中で最も重要なもの」であるから、この概念の展開をより詳細に検討することは重要である。

まず、言語共同体はなぜ子供の中にタクトを設定するのか、すなわち、タクトを設定することによって親がどのように強化されるのか、と問うてみよう。この親の行動に対する基本的な説明は、環境との接点が拡大されるという事実によって親が強化されるから、というものである（85－86頁）。スキナーの例を用いるならば、子供は、タクト形成後に親にかかってきた電話を取り次ぐことができるようになるかもしれない(そうなると、親に適切な強化履歴がないのだから、最初に子供がどうやってタクトを獲得するのか説明するのは難しい)。同じようなやり方で推論を続けると、我々は、親は子供に新聞配達をして金を稼ぐことができるようになってほしいから、子供を歩かせようとするのだと結論することにもなりかねないだろう。同様に、親が子供の中に「音声模倣的(行動)レパートリー」(例えば、音素体系)を設定するのは、それによって子供に新しい語彙を教えることが容易になり、さらに、子供の語彙が拡大することは究極的に親にとって有益だからである、ということになる。「これらすべての場合において、強化の対象である話し手を制御する可能性が向上するという点に目を向けることで、強化する側である聞き手の行動が説明されるのである」(56頁)。おそらく、これにより、子供を歩かせようとする親の行動を説明できる。つまり、子供が移動性を増すと、子供をよりよく制御できるようになることで親が強化されるから、である。このような説明の仕方の根底にあるのは、親が、子供が発達してその能力が伸びていくのをみることを願っていると考えるより、子供を制御したい、あるいは自分自身の行動の可能性を高めたいと思っていると考えるほうが何となく科学的である、という奇妙な考え方である。いうまでもなく、この主張を支持する証拠は何も提示されていない。

今度は、タクトに対する聞き手の反応を説明するという課題を考えてみよう。例えば、Aが〈キツネ〉と言うのをBが聞き、辺りを見回す、走って逃げる、ライフルを向ける等の適切な反応をしたとしよう。Bの行動はどうしたら説明できるだろうか。スキナーは、こういった行動に対するワトソンやバートランド・ラッセルによる分析を正しく却下する。彼自身による同じくらいよろしくない分析は次のようなものである(87－88頁)。まず第一に、「[B]という人の履歴において、〈キツネ〉という刺激は、周囲を見回し、しかる後にキツネを見た、という場面であった」と仮定し、そして第二に、「聞き手[B]は、現在、何らかの「キツネを見ることに対する関心」を抱いている――つまり、キツネを見ることに依存してなされる行動は強度が高く、従って、キツネが提供する刺激は強化的である」と仮定する。このとき、Bが遂行する行動が適切であるのは、「〈キツネ〉という刺激を耳にする場面であるというのは、振り返って辺りを見回すとしばしばキツネを見るという強化が続いて起こる場面である」からというわけである。すなわち、彼の行動は、弁別オペラントである、ということになる。この説明には説得力がない。Bはキツネを見たことがなく、また見ることに何の関心も抱いてはいないかもしれない、それでも〈キツネ〉という刺激に対して適切に行動するということもある[35]。上記二つの仮定がいずれも満たされなかったとしても、全く同じ行動が行われることがあるのだから、ここには何か別のメカニズムが作用しているに違いないのである。

スキナーは、刺激制御を用いたタクトの分析は、指示と意味を用いた伝統的な説明より改善している、と何度も述べているが、これは全くの誤りである。彼の分析は、言葉遣いがはるかに不注意ではあるが、伝統的な分析と基本的に同じである。詳しく説明すると、外示(denotation、指示)と内示(connotation、意味)という、伝統的な説明においては明確に区別されていた概念を、「刺激制御」という曖昧な概念でどちらも見境なく置き換えたところだけが従来と違うのである。ある伝統的な説明では、記述的名辞は、存在物の集合を外示する、といい、その名辞が適用されるときにその存在物が所有/充足していなければならない性質/条件を内示する、あるいは指定する、という[36]。例えば、

〈脊椎動物〉という名辞は脊椎動物を指し示し（脊椎動物を外示し／にあてはまり）、「脊椎をもつ」とかいったような性質を内示する。この内示された定義となる性質をその名辞の意味と呼ぶ。二つの名辞が同一の指示対象を有しながら、異なる意味をもつこともある。例えば、心臓をもつ生き物が、すべて脊椎動物であり、それ以外にはいないということは、どうやら真実らしい。もしそうであるならば、〈心臓をもつ生き物〉という名辞は脊椎動物を指し示し、「心臓をもつ」という性質を指定することになる。これは、思うに、脊椎をもつという性質とは異なる性質（異なる一般条件）である。それゆえ、〈脊椎動物〉と〈心臓をもつ生き物〉は、異なる意味をもつといわれるのである。この分析は、（少なくとも、意味というものがもつ一つの「意味」に関しては）間違いではないが、この分析がもつ数多くの限界はしばしば指摘されてきている(37)。主たる問題は、二つの記述的名辞が同じ性質を示しているかどうかを決定するための良い方法がないことである(38)。今みたように、同じ対象を指し示すということだけでは充分ではない。〈脊椎動物〉と〈脊椎をもつ生き物〉は同じ性質を指定しているということになるだろう（そして、その性質は、〈心臓をもつ生き物〉によって示される性質とは異なる）。なぜそうなるのかと問うならば、唯一の答えは、〈脊椎動物〉と〈脊椎をもつ生き物〉という二つの名辞が同義だからということのようである。このように、「性質」という概念は何らかの形で言語の制約を受けているように思われ、そうであれば「定義となる性質」を持ち出してみても、意味と同義性に関わる問題の解明にはほとんどつながらないのである。

何らかの物理的対象あるいは事象の性質（刺激）に制御された反応としてタクトを定義していることからわかるとおり、スキナーは伝統的な説明をそっくりそのまま受け入れている。「制御」という概念は実質を欠き、おそらくは、「外示」ないし「内示」、あるいは、両者を曖昧に言い換えたものとして解釈するのが最も妥当であろうということがこれまでの議論で判明した。「刺激制御」という新たな術語を採用することの唯一の帰結は、指示と意味の間に存在する重要な相違点が曖昧にされてしまったことだけであり、それによって新たな客観性が何ら提供されたわけではない。反応を制御する刺激は、反応自体によって決定され、刺激を同定するための独立した客観的な方法は存在しない（第3節を参照）。従って、スキナーが「同義性」を、「同じ刺激から全く異なる反応が導かれる」場合として定義しても（118頁）、我々としては反論しようがない。同じ対象に対して選択的に発せられた反応である〈椅子〉と〈赤い〉という反応は、刺激の呼称が異なるという理由で同義ではない。〈脊椎動物〉と〈脊椎をもつ生き物〉という反応は、考察の対象となっている対象物がもつ同一の性質によって制御されているという理由で、同義とみなされることになるだろう。より伝統的ではあるが、かといって科学的という点ではひけをとらない言い方でいうと、これらは同じ概念を喚起するのである。同様に、比喩的拡張は「刺激の諸性質によりもたらされる制御に起因するのであるが、これらの性質は強化時には存在するものの、当該の言語共同体が遵守する随伴性には関わらない」（92頁、伝統的な言い方では、偶有的性質）という説明がなされるとき、従来の説明に対してすでに唱えられているというわけではないような異議で、ここで新たに持ち出すことのできるものは何もない。ある曲に対する〈モーツァルト〉という反応を、制御刺激がもつ微妙な性質を用いて「説明」できたのとまさしく同様に、〈ジュリエットは太陽（のよう）だ〉と言う場合のごとく、太陽が目の前にないときの〈太陽〉という反応も、同じくらい容易に説明できる。「我々は、ジュリエットと太陽が、少なくとも話し手に対する影響の点で共通の性質を有しているということに着目することでこれを説明する」（93頁）のである。どの二つの対象であっても無数の性質を共有しているので、任意のAとBについて、〈AはBのようである〉という形式の反応を説明するのに困ることは決してないと確信できる。しかしながら、自らの定式化の方が伝統的な説明よりも単純でかつ科学的である、とスキナーが繰り返し主張していることに、実際のところ、何の根拠もないことは明らかである。

私的刺激の制御下でのタクト（ブルームフィールドのいう「転移発話」）は、大規模で重要な類を形成し、そこには、〈おなじみの〉〈美しい〉のような反応だけでなく、過去の、潜在的な、あるいは未来における事象や行動を指示する言語反応も含む（130－146頁）。例えば、〈動物園に象がいた〉という反応は、「話し手自身の中における事象も含めた現在の刺激に対する反応として理解しなければならない」（143頁）[39]。実際の生活の中のタクトのうち、一体どのくらいの割合が現実に目の前にある外部刺激への反応（もしくはその刺激の記述）であるかを自問してみれば、私的刺激にいかに大きな役割を与えなければならないかがわかる。〈これは赤い〉〈男の人がいます〉等の発言は、託児所以外では、言語行動のうちのごくわずかを占めるにすぎない。「関数分析」において、正体がよくわからない内的刺激にこれほど大きく依拠しなければならないという事実をみれば、ここでもまた、スキナーのシステムが伝統的な枠組みに比べて実際にどれだけ進歩しているのか、推し量ることができる。

先行する言語刺激の制御下での反応は、タクトとは別の見出しのもとに考察されている。**音声模倣的オペラント**とは、「刺激に類似した音のパターンを生成する」反応である(55頁)。これは、即時の模倣の事例のみを含むものとする。[40] 子供の音声模倣的反応が父親の低い声で発せられた刺激と一体どういう意味で「類似している」のかを定義する試みはなされていない。スキナーは、そうと明言はしていないものの、この点について音韻論における説明を受け入れる気がなさそうではあるが、しかし、だからといって、何の代案も挙げられていないのである。音声模倣的なレパートリーの発達は全面的に分化強化に帰せられている。スキナーによれば、話し手は言語共同体に要求される以上のことはしないので、その共同体がどの程度正確さを求めるかが、実際に何であることになるのかはさておき(必ずしも音素というわけではない)レパートリーの要素を決定することになる。「対応の正確さにこだわらない言語共同体においては、音声模倣的レパートリーがずさんなままになってしまうこともあり、そうすると新たなパターンへの適用もそれほどうまくいかなくなるだろう」。子供が周囲の子供たちと遊ぶ過程で第二言語やその地域の方言を正確に身につけるというよく知られた現象は、こうした主張とは真っ向から対立すると思われるが、それについての議論はなされていない。対応の正確さにこだわらない共同体においては、有効な音素体系は発達しないという主張(これが先ほどの引用の実質)を支持する人類学上の証拠は何ら引用されていない。

書かれた刺激への言語反応(読むこと)は「テクスト行動」と呼ばれる。

言語刺激に対するその他の言語反応は、「言語内オペラント」と呼ばれる。典型的な例としては、〈2足す2〉という刺激に対して〈4〉と答える、あるいは〈フランスの首都〉という刺激に対して〈パリ〉

と答えるというものがある。〈2足す2〉に対する〈4〉という反応は単純な条件付けで充分説明できるのかもしれない。(41) だが、言語内反応の概念が、歴史上の事実の大半や科学的事実の多く(72、129頁)、あらゆる語連想と「観念奔逸」(訳注3)(73‐76頁)、すべての翻訳と言い換え(パラフレーズ)(77頁)、あるいは、見たり聞いたり記憶した物事の報告(315頁)、そして、一般的に、科学、数学、文学に関する談話の大きなまとまり、までも含むように拡張されているのをみると、この概念はそれがもつすべての意味を失ってしまっていることがわかる。学生がしかるべき訓練の後、〈フランスの首都〉に対して〈パリ〉と応答できるようになる能力について提案されるような類いの説明方法を用いて、〈フランス政府の所在地はどこか？　文学方言の源は？　ドイツ軍の電撃戦の主な標的は？〉などといった(学生にとっては初耳の)質問に答えるに際してその学生が賢明な推測をする能力や、新しい定理を証明したり、新しい一節を翻訳したり、何らかの発言を初めて、あるいは新しいやり方で言い換えたりする能力が説明できるとは、当然のことながら、真剣に提案することはできないだろう。

「誰かに要点をわからせる」、自分独自の物事の見方をさせる、あるいは物事の複雑な状況(込み入った政治状況や数学の証明等)を理解させる過程は、スキナーにとっては、単に、聞き手の側ですでに利用可能になっている行動の強度を増すことでしかない。(42)「この過程は、比較的知的な、科学もしくは哲学についての論議においてその実例がよく見受けられる」ので、「それが音声模倣的、テクスト的、あるいは、言語内的補充化へと還元されうるかもしれないとは一層驚きである」(269頁)とスキナーは考えている。ここでも、彼のこういった見解が全くの不合理に聞こえないとしたら、それは「強度」や「言語内反応」という概念が、曖昧かつ自由裁量的に使用されているからにすぎない。もしこれらの術語をその字義通りの意味で用いたとすれば、明らかに、ある説明を理解することとその説明を高いピッチの声(強い反応強度)で頻繁に叫ぶこととは同一視できないし、またあざやかで説得力のある議論を、言語反応の組み合わせの履歴をもとに説明することもできない(43)。

## 10

オペラントの最後の類をなすのは、**オートクリティック**である。これには、主張、否定、量化、反応への但し書き的追加、文の構築、そして「言語思考の高度に複雑な操作」が含まれる。これらの行為はすべて、「話し手の別の行動から喚起されるか、あるいは別の行動に伴って生じる行動という観点から」説明されることになっている(313頁)。つまりオートクリティックとは、すでに与えられている反応への反応なのである。というかむしろ、このことを論じている部分を読み進めていくとわかってくるのだが、非顕在的、前兆的、あるいは潜在的言語行動への反応なのである。例として挙げられているのは、〈思い出してみると〉〈思うに〉〈例えば〉〈仮定してみると〉〈Xが……であるとすると〉といった表現のほか、否定表現、述定や断定の is(です)、〈すべての〉〈いくつかの〉〈もし〉〈ならば〉、さらに、一般化して言えば、名詞、動詞、形容詞以外のあらゆる形態素に加え、順序付けや配置といった文法上のプロセスである。スキナーの本のこの部分で述べられている見解を但し書きなしでひとつでも受け入れることは、かなり困難である。ほんの一例として、スキナーによる〈すべての白鳥は白い〉におけるオートクリティック〈すべての〉の説明(329頁)を検討してみよう。明らかに、これがすべての白鳥を刺激とするタクト反応であるとは仮定できない。従って、〈すべての〉は、〈白鳥は白い〉という文全体を修飾するオートクリティックであると示唆されている。そうすると、〈すべての〉は、〈常に〉、もしくは〈常に言うことが可能である〉と等価であるとすることができる。しかし、注意すべきは、被修飾文である〈白鳥は白い〉も、〈すべての白鳥は白い〉と同程度に一般的な言明であるということである。さらに、〈すべての〉について提案されている言い換えは、それを文字通りにとるならば正しくない。〈白鳥は白い〉と同じく〈白鳥は緑である〉と言うことは可能であるが、常にどちらかを言うことが可能であるとは限らない(例えば、何か他のことを言っている間とか、眠っている間は無理である)。おそらく、スキナーが意図しているのは、この文は、「各々の白鳥Xについて、〈Xが白い〉ということは真である」と言い換え可能であるということなのであろう。しかし、彼のシステムにおいては**真**／**偽**という概念の入る余地がなく、こうした言い換えはできないのである。

文法と統辞法をオートクリティックの過程として扱うスキナーの説明(第一三章)とよく知られた伝統的な説明との主な違いは、従来用いられてきた「指示する」の代わりに「制御する」「喚起する」という擬似科学術語を使用している点にある。例えば、The boy runs(少年は走る)という文で、runsの末尾のsは、「対象や対象の性質ではなく**活動**としての走ることの本質」のような「状況の微妙な諸性質」の制御下にあるタクトである。(44) (おそらく、それならば、The attempt fails(試みが失敗する)、The difficulty remains(困難が残る)、His anxiety increases(彼の不安が増す)等においても、sは、例えば「試み」として表現される対象が失敗という活動を行っていることを示している、などと言わなくてはならないことになるだろう。) しかしながら、the boy's gun(少年の銃)のsは所有を示し(おそらく、the boy's arrival/story/age（少年の到着／話／年齢）等も同様であろう）、この「状況の関係的側面」の制御下にある（336頁）。〈少年が店を経営している〉という文における「順序の関係的オートクリティック」（反応の集合の順序のことを、それらへの反応と呼ぶことがいかなる意味をもつにせよ）は、「極めて複雑な刺激状況」、つまり、少年が店を経営しているという状況の制御下にある（335頁）。The hat and the shoe（帽子と靴）で使われているandは、「対」という性質の制御下にある。The dog went through the hedge（犬が生垣を通っていった）のthroughは「行く犬と生垣の間の関係」の制御下にある（342頁）。一般的に、名詞は対象に喚起され、動詞は行為に喚起される、等と説明されるのである。

スキナーは、文とは骨格となる枠に取り付けた基軸反応（名詞、動詞、形容詞）の集合である、と考えている（346頁）。サムが水漏れのするボートを借りたという事実を考えるとき、この状況に対する生《なま》の反応は、〈借りる〉〈ボート〉〈漏れる〉〈サム〉である。これらの反応に修飾をほどこしたり、反応間の関係を表現したりする（順序付けを含む）オートクリティックが、その後、「合成」と呼ばれるプロセスによって加えられる。その結果が一つの文法的文であるが、これは多くの選択肢の中から極めて恣意的に選ばれたものなのである。もちろん、文が文法的枠にはめ込まれた語彙項目によって構成されるという考え方は、哲学においても言語学においても、伝統的なものである。スキナーはただその考え方に、合成という内的プロセスにおいて、名詞、動詞、形容詞がまず選択され、次に、そうした内的活動に対するオートクリティック反応によって、これらの要素が配列されたり修飾されたりする、という極めてありそうもない憶測を加えたにすぎない[45]。

文構造に対するこの見方は、オートクリティックであろうが、共義的（syncategorematic）表現[訳注4]であろうが、あるいは文法的／語彙的形態素の区別であろうが、どのような枠組みを用いて言い表したとしても妥当ではない。Sheep provide wool（羊からウールが取れる）には（物理的）枠が何もないが、これらの語をこれ以外の順序で並べた場合には英語の文にはならない。furiously sleep ideas green colorless とfriendly young dogs seem harmless という語の列は同じ枠をもつが、英語の文といえるのは片方〔後者〕だけである（同様に、この文を後ろから読んだとき、英語の文になるのは片方〔前者〕だけである）。Struggling artists can be a nuisance（奮闘している芸術家は厄介なこともある）は marking papers can be a nuisance（答案の採点は厄介なこともある）と同じ枠になっているが、文構造は全く異なる。各々の文で、can be を is あるいは are に置き換えてみるとわかることである。他にも、似たりよったりのこれらと同じくらい単純な例が数多く存在する。文構造において文法的枠に語彙項目を挿入する以上のことが起こっているのは明白である。こうしたより深いところで起こっているプロセスを考慮しないようなアプローチを言語に対して取ってしまったら、実際の言語行動の説明がうまくいくことなど、到底望みようもないのである。

## 11

これまでの議論で、スキナーの記述システムにおいて導入されている主要な概念をすべて取り上げた。それらの概念をひとつひとつ論じた目的は、各事例において、彼の用いている術語を文字通りに理解するならば、本書の記述は言語行動の側面についてほとんど何も取り扱っていることにならず、反対にもしそれらの術語を比喩的に解釈するならば、本書の記述はさまざまな伝統的な説明に対して何の改善策も提供していないことを示すことであった。実験心理学から借用した術語は、比喩的拡大解釈を採用するとその客観的意味を失い、日常言語がもつ曖昧さをそっくりそのまま引き継ぐことになる。スキナーの手法は非常に限られた術語での言い換えにとどまっているため、多くの重要な区別が不明瞭になってしまっている。彼のシステムに関するこの評価は、第1節で述べた見解を支持するものであると思う。つまり、話し手と学習者がもつ独立の寄与を排除すると(このことは、スキナーが極めて重要だと見なしている成果である、311-312頁)、そのことによって彼の記述システムからすべての重要な意義が排除されてしまい、結果として、最も基本的な問いにさえ答えを示すことができない[46]ぐらい大雑把で粗雑なレベルでシステムが機能するしかないという代価を払わざるを得なくなるのである。スキナーが思弁を巡らすことによって取り組んできたような問いは、絶望的なほど時期尚早なのである。言語行動の因果関係の探究が徒労に終わらないための条件としては、まず、言語行動に特有の性質についてははるかに多くのことがわかっていなければならない。さらに何が獲得されるのかがよく理解できていない状態で獲得の過程に関して思弁を弄することにほとんど意味はない。

　言語学者であろうと、心理学者、あるいは哲学者であろうと、言語行動の研究に真剣にアプローチする研究者は、自らの研究の領域を定義することになる問題で、なおかつ、完全に些末でもなく、また、現在の科学的理解や研究手法の範囲を絶望的に超えてしまっていることにもならないような問題を明確に示すことが極めて困難であることにすぐさま気づくはずである。関数分析を自らの問題として選択したことで、スキナーは、無謀な課題を自分に課してしまったのである。K・S・ラシュリーは、洞察に満ちた非常に興味深い論文[47]の中で、言語学者と心理学者が実りある形でアプローチでき、そして同時に、スキナーが関心をもっている問題より明らかに先に取り組むべき問題の範囲を暗黙のうちに限定している。(データを真剣に検討しようとする研究者ならば誰でもそう認識しなければならないのだが)発話の合成と産出は、単に外部刺激と言語内連想の制御下で起こる一連の反応をつなぎ合わせるだけではないこと、また、発話の統辞組織は、発話自体の物理的構造の中に単純な形で直接表示されるようなものではないことをラシュリーは認識している。彼は、さまざまな観察を通して、統辞構造は「特定の行為が発生したとき、その行為に課される一般化されたパターン」であり、「文やその他の連続運動の構造を検討すると(中略)目に見える形で表現された一続きのものの背後に、そうした活動の最終結果から推論するしかないような多岐にわたる統合プロセスが存在することが示されるだろう」という結論に達している。また、特定の発話を実際に構築する際に用いられる「選択的メカニズム」を決定するのが大いに困難であることについても、ラシュリーは論じている。

現在の言語学では、こうした統合プロセス、課されたパターン、選択的メカニズムの正確な説明を提供することはできないが、少なくとも、これらを完全に特徴付けるという課題を設定することはできる。演繹理論が定理の集合を枚挙するのと似たような感じで、言語Lの文法はLの文を枚挙するメカニズムである、と理想化して見なすことは妥当である(この意味での「文法」は、音韻論を含む)。さらに、言語理論はそういった文法の形式的特性についての研究と見なすことができ、充分に正確な定式化が行われれば、この一般理論によって、与えられた文がどのように使用され、理解されるのかについてかなりの洞察を与えてくれる構造記述を当該の文の生成過程から決定するための一定不変の方法を得ることができる。要するに、適正に定式化された文法から、統合プロセス、および発話を構成する特定の行為に課される一般化されたパターンに関する説明を導き出すことは可能なはずなのである。適切な形式の文法の規則は、随意的規則と義務的規則の二種類に分けることができ、発話の生成において適用されなければならないのは、後者の規則のみである。そうすると、文法の随意的規則は、特定の発話の生成に関わる選択的メカニズムと見なすことができる。こうした統合プロセスと選択的メカニズムを特定するという問題は、些末なものではないし、研究可能な範囲を超えているわけでもない。ラシュリーが示唆しているように、こういった研究の結果は、心理学と神経学にとって、独立した興味の対象となる可能性がなくはない(そして、その逆の関係もありうる)。このような研究は、たとえ成功したとしても、意味や行動の原因を調べる際に出会う主要な問題について何らかの解答を出せるようなものでは決してないだろうが、それらの問題と無関係でないことは確実である。さらに、「意味の一般化」のような、言語の使用に対するあらゆるアプローチにおいて頻繁に援用される概念に寄りかかると、統辞論において研究し可視化することができるものとそれほど変わらない推論の複雑さや特定の構造を隠してしまうことになるので、統辞論研究の成果の一般的な性格は、意味理論へのあまりに単純化されたアプローチを正す役割を果たしてくれるかもしれない、ということは少なくとも言えそうである。

話し手、聞き手、言語学習者の行動は、もちろん、言語のいかなる研究にとっても現実のデータを構成する。意味のある構造記述を各文に対して定めることができるように文を枚挙する文法の構築は、それ自体では、現実の行動を説明するものではない。文法とは、その言語をマスターした人がもつ、文と非文を区別し、新しい文を(部分的に)理解し、言語表現の多義性に気づく、等々の能力を抽象的に特徴付けるだけのものである。これらは非常に驚嘆すべき能力である。我々は、絶えず新しい語の連続を読み、聞き、それを文として認識し、理解する。我々が文として容認し理解する新たな事象が、形式的(あるいは意味的あるいは統計的)類似性や文法的枠の同一性などといった単純な概念によって我々のよく知る事象に関係付けられているのではないことを示すのは容易である。この場合に般化の話を持ち出すのは、全く的外れであり空疎である。おそらく、我々が新しい項目を文として認識するのは、それが慣れ親しんだ項目と単純明快に一致したからではなく、その文が、各個人がどうにかして何らかの形で内在化した文法によって生成されているからである。そして、我々が新しい文を理解できるのは、ひとつには、文法内におけるその文の派生プロセスをどうにかして決定することができるからである。

いま略述した特性をもつ文法を何とかして構築できたとしよう。そうすれば、話し手、聞き手、そして学習者が何を達成しているのかを記述し、研究しようと試みることができる。話し手と聞き手については、文法によって抽象的に特徴付けられた能力をすでに獲得していると仮定しなければならない。話し手の課題は、互いに矛盾しない随意的規則の特定の集合を選択することである。話し手にとって利用可能な選択肢は何で、その選択肢が満たさなければならない両立条件は何であるかが文法の研究からわかれば、話し手をいずれかの選択に導く諸要因の研究を有意義に進めることができる。聞き手(もしくは読者)の側は、提示された発話から、発話構築の際にどのような随意的規則が選択されたのかを決定しなければならない。人間のもつこの能力は、現在の我々の理解をはるかに超えている、ということを認めざるを得ない。言語を学ぶ子供は、文と非文(つまり、言語共同体により訂正された結果)の観察に基づいて、何らかの意味で自分のために文法を構築しているのである。文と非文を区別したり、多義性を検出したりといった実際に観察されている話し手の能力を研究すると、この文法は極めて複雑で抽象的な性格をもち、幼児は、少なくとも形式的な観点からみると驚嘆に値するような理論構築をやり遂げることに成功している、という結論に至らざるを得ないようである。さらに、この課題は、驚くほど短期間に、かなりの程度、知性一般とは独立して、すべての子供たちによってほぼ類似の形態で成し遂げられるのである。学習に関するいかなる理論も、これらの事実と向き合わなくてはならない。

子供は(聞いたことがあるものも含めた)文の集合を生成する極めて複雑なメカニズムを構築することができる、とか、大人は抽象的な演繹理論の性質を多く有するこのメカニズムが特定の言語表現を生成するか否か(もし生成するのであれば、どのように生成するのか)を瞬時に判断できる、とかいった見解を受け入れるのは容易ではない。それでも、この見解は、話し手、聞き手、学習者が行っていることについてのまずまず妥当な記述だと思われる。そしてもしこれが正しいとするならば、文法の構造をあらかじめきちんと理解しておくという基盤なしに、話し手、聞き手、学習者の現実の行動を説明しようと直接試みたところで、非常に限定的な成果しか得られないであろうことが予測される。文法は、話し手と聞き手の行動における一つの成分と見なさなければならない。そしてその特性は、ラシュリーが述べているとおり、結果としてあらわれる物理的行為から推論するしかないのである。健常な子供であれば誰でも、本質的に似たり寄ったりの極めて複雑な文法を驚くほど迅速に獲得するという事実は、人間が、未だ知られざる性格と複雑性をもつデータ処理ないし「仮説定式化」能力を用いてこうした学習を行うようにどういうわけか特別に設計されている、ということを示唆している。[48] 言語構造の研究は、究極的には、この問題に対するいくつかの重要な洞察へとつながっていくかもしれない。現時点ではこの問題を本格的に提起することはできないが、与えられたデータをもとにして与えられた時間内にある言語の文法に到達することを可能にするためには、人間に組み込まれた情報処理(仮説形成)システムがどのようになっていなければならないかということを研究することは、原理的には可能であろう。いずれにせよ、話し手の寄与を排除しようとした結果、伝統的な記述システムでは明確にされていた重要な区別を曖昧にするだけの「メンタリスティックな」記述システムに行きついてしまったのとちょうど同じように、言語学習における子供の側からの寄与を研究しようとしなければ、未だ分析が及んでいない膨大な寄与を「般化」と呼ばれるステップによるものだと放置したまま、言語獲得の表面的な記述に終始することになってしまう。事実、言語獲得の過程において興味深い部分はすべて、「般化」という名の下にひとくくりにされているのである。もし、言語の研究がこのようなやり方で限定されてしまえば、言語行動の主要な側面が謎として残り続けることは避けられないように思われる。

## 注

(1) 動物行動の研究における近年の達成と、その成果の人間の複雑な行動に対する適用可能性に関してスキナーがもつ自信は、広く共有されているようにはみえない。行動主義の信奉者であると確認できる研究者による最近の出版物の多くには、こういった研究上の達成の射程に関して懐疑的な意見が広くみられる。代表的なコメントについては、Estes et al. (1954) 所収の諸論文、Bugelski (1956), Koch (1956), Verplanck (1955: 139) を参照されたい。なかでも最も強い見解は、おそらく、Harlow (1953) が述べた「過去一五年間に研究されてきた心理学上の問題の重要性は低下する一方であり、全くどうでもよいというレベルを示す漸近線に近づく負の加速関数として表現できるという主張には確かな根拠がある」という断案であろう。動物行動の研究について異なったアプローチをとる比較行動学の第一人者であるティンバーゲンによる「関数分析」に関する議論は、「我々は今、行動の因果関係が過去の一般化において想定されていたよりもはるかに複雑であるという結論を導くことができそうである。数多くの内的および外的要因が複雑な中枢神経構造に作用しているのである。そして第二に、現在手にしている事実は、全くもって非常に断片的であるということも明らかであろう」と締めくくられている (Tinbergen 1951: 74)。

(2) Skinner (1938) は「条件付けられたオペラントはある特定の強化と反応とが相関した結果であるが、条件付けられたオペラントとそれに先立って作用する弁別刺激との関係はほとんど普遍的な法則といってもいい」(178-179頁) と述べている。自発行動ですら何らかの「生起力」によって引き起こされるとされる (51頁) が、オペラント行動の場合には、生起力は実験的制御下にはないのである。誘発刺激、弁別刺激、「生起力」の三つの概念はこれまで充分明確に区別されてはこなかったし、さらに個人的な内部事象も弁別刺激であると見なすことになれば、混乱はいっそう増すことになる (以下の議論を参照)。

(3) ある有名な実験においては、餌と結びつけられているために二次強化子となっているトークンを欲しがることを利用して、チンパンジーに複雑な課題を遂行することを教え込んでいる。金銭、承認、名声等が、このパラダイム通り、実際に人間の行動の場合でも動機付け効果を獲得する、という説は証明されておらず、また特に正しそうな感じもしない。行動主義の流れの中にいる多くの心理学者は、この説について極めて懐疑的である(注23を参照のこと)。人間行動の大半の側面がそうなのだが、二次強化に関する証拠は断片的かつ複雑で、また相互に矛盾しており、ほぼどのような見解に対してもそれを支持する何らかの根拠を見つけることができるほどである。

(4) 先に引用した、自らの研究で得られた基本的な結果がどれだけ一般性をもつかに関するスキナーの発言は、実験に対して彼が課した限定条件に照らした上で理解されなくてはならない。もし、言語における基本プロセスが本当にしっかりと理解されており、それが種の制限を受けないということが、何らかの深い意味で真実だとするならば、言語が人類に限られているのは極めて奇妙なことであろう。散見される少数の断片的な観察(Skinner 1956 を参照)は例外として、スキナーは、特定の摂取制限条件の下、さまざまな強化スケジュールで実施されたラットのレバー押しとハトのキーつつき実験において質的に類似した結果が得られた、という事実に彼の主張の根拠をおいているようである。これらの事実に基づいて、はたしてどの程度のことがいえるのかという疑問が直ちに生じる。これらの事実の少なくとも一部は、実験デザインと、「滑らかな動的曲線」でもってなされた「刺激」と「反応」の定義(以下本文参照)から生じてくると見なすことができる人工的なものである。レバー押しのような単純な反応の研究から複雑な行動を「推定」しようとするいかなる試みにも内在する危険は明白なはずであり、これまでにもしばしば言及されてきた(例えば前出の Harlow 1953 参照)。どんなに単純な結果であっても、一般化するとなると、深刻な問題と向き合う必要が生じてくる。これに関連して、ラットと魚では、同等の初歩的な問題を解くときに重要な質的差異があることが示されている。Bitterman, Wodinsky, and Candland (1958) を参照のこと。

(5) スキナーの考え方の別の側面に関連して、本書評と類似の議論が Scriven (1956) によってなされている。「刺激」と「反応」の適切な定義をきちんと述べるにあたっての問題点についてのより一般的な議論は

Verplanck (1954 : 283–288) を参照。スキナーの意味における「刺激」は、結果として生じる行動と独立して客観的に特定できるものでも、また、操作可能なものでもないという全く妥当な結論をヴァープランクは下している。彼はスキナーのシステムのその他の多くの側面について明晰な議論を展開し、いわゆる「行動の法則」の多くはテスト不可能であり、他の法則の多くは射程が狭い範囲に限定され、スキナーの「法則性を示す関係」という概念は恣意的でかつ曖昧である、と述べている。また同時に、スキナーが積み上げてきた実験データについては、その重要性を認めている。

(6)『生物の行動』において、スキナーはこの帰結を受け入れるのにやぶさかではないようである。人々が通常用いる語彙によってなされる大雑把な記述における用語は、刺激と反応を定義する特性が指定され、それらの相関関係が実験的に実証され、そしてそこにおける動的変化が法則に従っていると示されない限り、妥当な記述とはならない、と主張している(Skinner 1938 : 41–42)。例えば、子供が犬から隠れているところを記述しようとするとき、「「犬であること」もしくは「隠れること」の本質的な特性を持ち出すことで、この日常的語彙に威厳を与え、その特性が直覚的に理解されていると考えておくだけでは充分でない」という。しかし、これは、以下、直ちにみていくように、本書でまさにスキナーが行っていることにほかならない。

(7) 253頁。またその他の箇所でも繰り返し言及されている。スキナーは、本書で開発した概念を用いていかにうまく行動を制御できるかを示す一例として、「鉛筆」という反応を喚起する方法を示している。彼の示唆するところでは、最も効果的な方法は、被験者に「鉛筆と言ってください」と言うことである(例えば、頭に銃を向けるなどの「嫌悪刺激」を使用すれば、おそらく、成功する確率はさらに高くなる)。他にも、「被験者を鉛筆や筆記具のない環境に置き、鉛筆でのスケッチに適した紙パッドを渡し、猫とわかるような絵を描いてくれたらかなりの報酬を払うと持ちかける」こともできる。「鉛筆」もしくは「ペンと……」という声を流す、「鉛筆」もしくは「ペンと……」と書いたものを掲げる、あるいは、「よく見えるように、普通ではない場所に大きくて奇妙な鉛筆を」置いておくのも役に立つだろう。「そのような状況において、被験者が鉛筆という言葉を口にする蓋然性はかなり高い」。そして、「利用可能なテクニックはすべてこのサンプルに例示されている」。人間の行動を実際に制御することに行動理論が貢献する事例は本書の他の箇所でも豊富に示されており、例えば、「赤」という反応を喚起する方法も示されている(提案されている仕掛けの内容は、被験者の前に赤い物体を置き、「この物体は何色か私に教えてください」と言うというものである)(113－114頁)。

公平を期すために述べておくと、人間行動を制御するに際して「オペラント条件付け」が些末とはいえない形で適用できる場合もいくらかは存在する。多種多様な実験において、被験者が(例えば)複数名詞を口に出したときに実験者が「そう!」あるいは「よし!」などと言葉をかけると、被験者が複数名詞を口に出す頻度が増えることが示されている(論点に対する肯定的態度、特定の内容を伴う話なども同様。大半において肯定的な結果が出ているこの種の実験を三〇ほど概観したものとしては、Krasner 1958 を参照のこと)。被験者が普通、このプロセスを意識していないという事実は、なかなか興味深い。この結果が通常の言語行動に対してどのような洞察をもたらすかは明らかではない。しかしながら、これは、スキナー流のパラダイムを用いて、完全に予想範囲内というわけではない肯定的結果が得られた一例といえる。

(8) Skinner (1950)。

(9) 他でも同様である。Skinner (1950) は、頻度を観察することができず、反応の生起率のみが唯一のデータであるような実験状況にまで、どのようにしたら自らの行動分析を拡張できるかという問題を考察している。彼が出した答えは、「確率の概念は、頻度の解析を行うことができない事例に対して通常、拡大適用されるものである。行動の領域においては、頻度をデータとして入手できるような状況を設定するが、こうした分析が実施できない種類の行動例をも分析・定式化する際には確率の概念を用いる」(199頁)というものであった。頻度に直接基づかない確率の概念も、もちろん存在するが、スキナーが念頭においている事例にこうした概念がどのように当てはまるのか見当もつかない。行動を記述するにあたって確率の概念が関連しているかどうかとは関係なく「確率」という語を使うことにする、という意思表示として以外にどのように引用部分を解釈すればよいのか、私には皆目見当もつかない。

(10) 幸いなことに、「英語では、このことは大した困難をもたらさない」、なぜなら、例えば、「相対的なピッチレベルは……重要……ではないからである」(25頁)。英語における相対的なピッチレベルや他のイントネーション特性の機能についての数多くの研究には、全く触れられていない。

(11) 前者の引用は明らかに正しくないが、「傾向」という言葉は「頻度」とは異なり曖昧であるから、後者は明らかな間違いというわけではない。とはいっても、かなりの拡大解釈を必要とする。もし、ここでの「傾向」が通常の意味に少しでも近いものをもっているとしたら、この言説は明らかに誤りである。木星には四個の月がある、ソポクレースの演劇の多くは復元不可能なまでに失われている、一〇〇〇万年後には地球は燃え殻になってしまっている、等の主張は、これらの言語刺激に反応して行動する傾向を少しも経験することなく強く信じることができる。もちろん、自分が正しいと信じていることを述べるという動機の下、ある特定の形で質問に答えるという傾向を含めるように「行動の傾向」を定義するならば、物事の理解に資することがない、当たり前の真実としてスキナーの主張を述べ直すことは可能であろう。

(12) ただし、一般的には、強化しているのはそうした定義上の刺激そのものではなく、ある特定の状況の文脈における刺激である、ということを付け加えておかなくてはならない。実験の設定いかんによって、同じ物理的事象あるいは物体でも、強化あるいは弱化することもあれば、気づかれないこともある。スキナーは、考察対象をある特定の極めて単純な実験設定に限定しているため、そのかぎりではこういった但し書きを加える必要はないのだが、この但し書きを精密に定式化するのは、決して簡単なことではないだろう。もちろん、スキナーが彼の記述システムを行動一般に拡張しようとするならば、この但し書きが必要になる。

(13) このことは頻繁に指摘されてきた。

(14) 例えば、Skinner(1950: 199)を参照。その他の箇所で、スキナーは「学習」という用語は複雑な状況のみを指すように制限されるべきである、ということを示唆しているが、複雑な状況とはどのような状況なのかの性格付けはなされていない。

(15) 「比較的パターン化されていなかった発声が選択的に強化され、所与の言語共同体において適切な結果を生むような形を徐々にとるようになるとき、子供は言語行動を獲得する」(31頁)。「分化強化は、あらゆる言語形式を作り上げる。そして、先行刺激が随伴性を示すようになる場合、その結果として生じる制御に強化が関わっている。(中略)行動の可能性、その確率ないし強度は、強化が実際に継続しているかどうか、およびどのようなスケジュールに従うかによって変わってくる」(203–204頁)。その他の箇所でも頻繁に同様のことが述べられている。

(16) ここで強化スケジュールの話を持ち出すのは全く無意味である。例えば、思考や物語のような場合、潜在的強化がどのようなスケジュールによって「整えられる」のか、あるいは、沈黙や発話、さらには、伝達された情報に対する将来の適切な反応などという要素のスケジュールがどうなっているのか、といった問題については、どのように考えればよいのだろうか。

(17) 「周到な訓練」についての議論としては、例えば、Miller and Dollard(1941: 82–83)を参照されたい。彼らは、子供が語の意味や統辞パターンを学ぶうえで、こうした訓練が必要だと考えているようである。同じ考え方が、Mowrer(1950: chap. 23)による言語獲得に関する思弁的説明においても暗黙のうちになされている。実際、このような見解は相当一般的であるように思われる。

(18) 関連文献の概説および分析については、Thistlethwaite(1951)を参照されたい。MacCorquodale and Meehl

(1954)では動因低減説の見地から潜在学習に関わる「データ」を説明しようとするよく考えられた試みが本格的になされているが、(彼ら自身が指摘しているとおり)あまり満足のいく結果は出ていない。Thorpe(1956)は動物行動学者の立場から、帰巣と地形的定位についての資料も加えて先行研究を論評している。

(19) Hilgard(1956 : 214)。

(20) Berlyne(1950 ; 1955), Thompson and Solomon(1954)。

(21) Montgomery(1954)。これと同じ雑誌に掲載されている他の多くの論文は、探索行動が新しい外的刺激によって喚起される比較的独立した一次「動因」である、ということを示そうとしている。

(22) Butler(1953)。後の実験により、この「動因」は高いレベルで持続することが示された。派生動因が急速に消失するのとは対照的である。

(23) Harlow, Harlow, and Meyer(1950)、およびハーローによって始められたその後の調査を参照。ハーローは、霊長類にみられる動機の持続と迅速な学習を説明するうえで、生理学的基礎のある動因やホメオスタシスに関わる要求状態は妥当な理由ではないということを特に繰り返し強調している。彼は、多くの論文の中で、好奇心、遊び、探索、徒手操作は、しばしば、霊長類にとっては空腹等よりも強力な動因になり、また、こうした動因は、獲得性動因の特徴を全く示さないことを指摘している。ヘッブもまた、より高等な動物においては、作業、リスク、謎、知的活動、軽度の不安やフラストレーション等が正の誘因となる、という見解を支持する行動上の証拠およびそれを補完する神経学的証拠を提示している(Hebb 1955)。彼は、「なぜ人間は金のために働くのか、なぜ子供たちは苦痛なしに学習するのか、なぜ人は何もしないことを嫌うのかを説明するために、まわりくどく、またありそうもないやり方をでっちあげる必要はない」と結論付けている。

初期の研究者たち(Romanes 1882 ; Thorndike 1901)が、「物の見方を学習理論に左右されることも比較的少なく、内在的に動機付けられているサルの行動にしっかり着目していた」ことに、Dennis(1955)による短評は注意を促している。しかしながら、彼の主張するところでは、サルに関する同様の観察はハーローの実験に至るまでなされていないという。デニスによるRomanes(1882)からの引用には、「この動物の心理における最も驚異的な特徴であり、また他の動物においてはまず見かけることができないものは、疲れを知らない探究精神である」とある。真の発見によって、体系的研究に従事している研究者が過去における研究がもつ重要な洞察を見失ってしまうというようなこれと類似の展開の例は、最近の構造言語学においても容易に見出すことができる。

(24) 例えば、Brown(1953 : 53)は同書所収のハーロー論文へのコメントとして、「動因低減説に対する創意に富む信奉者であれば、[ハーローによって引用された実験の]おそらくすべての事例において、恐怖、不安感、フラストレーションなどに関し、実験中に減少し、それゆえにそれらは強化的であると主張できそうな何らかの断片を見出すことができるだろう」と述べている。同様のことが、フロギストン説やエーテル説に対する創意に富む信奉者についても言えるであろう。

(25) Birch and Bitterman(1949)を参照されたい。

(26) 例えば、Olds(1955)を参照されたい。

(27) この現象に関する非常に優れた議論については、Thorpe(1956)の特に115–118頁および337–376頁を参照のこと。この現象は、特にK・ローレンツの著作(Lorenz 1957)によって広く世に知られることになったものである。

(28) Thorpe(1956 : 372)。

(29) 例えば、Jaynes(1956)では「この種に属する幼鳥は観察可能な報酬がなくとも、動く刺激物体の後を追い、極めて急速にその物体を他よりも好むようになることが実験によって証明されている」との結論に達している。

(30) もちろん、この事実は全く問題なくスキナー流の枠組みに取り込むことができる。例えば、もし、大人が櫛を使っているのを子供が見て、教えられなくとも自分の髪をとこうとした場合、この行動を、子供はそうすることが強化であると思ったから、あるいは、「強化する」人のように振る舞うことによって提供される強化ゆえに(164頁)そのような行動をしていると説明することができる。同様に、その他のいかなる行動についても自動的な説明が可能である。スキナーが強化の概念に極めて大きく依存していることを考えると、彼が潜在学習やその関連のテーマを扱う文献にほとんど注意を向けていないことは、最初は奇妙に思える。彼の著作の中でこうした文献に言及している箇所は見つけられなかった。同様に、ケラーとシェーンフェルトは、おそらくはスキナーの圧倒的な影響のもとに書かれた唯一の教科書と思われる著書(Keller and Schoenfeld 1950)の中で、潜在学習に関する文献を、「的外れ」であり、「基本原理(効果の法則)を明確にするどころかよくわからないものにする」(41頁)だけであると、わずか一文で切り捨てている。しかしながら、スキナーの場合、このように潜在学習を無視することは全く妥当なことなのである。動因低減論者にとって、あるいは強化の概念が何らかの実質的な意味をもつ人にとっては、こうした実験や観察は重要である(し、また往々にして厄介な問題である)。しかし、「強化」という語のスキナー流の意味では、こういった結果も、そしてその他の考えうるどのような結果も、強化が行動の獲得と維持のために不可欠であるという主張に何ら疑いを投げかけることにはならない。行動には間違いなく何かしらの状況がともなっており、それが何であろうとも、その状況を「強化」と呼ぶことができるからである。

(31) Tinbergen(1951 : chap. 4)は、この問題のいくつかの側面について概説し、下等生物における数多くの複雑な運動パターン(飛ぶ、泳ぐなど)の発達において、成熟が果たす主要な役割と、ある特定の時期に特定の形で「学習する生得的性向」が与える影響について論じている。また、洞察力に満ちているように見えるチンパンジーの行動において成熟する運動パターンが果たす役割を議論したものとして、Schiller(1957)を参照されたい。

Lenneberg(未公刊)は、言語の獲得において生物学的構造が役割を担っているかもしれないことと、その可能性を無視することの危険性について非常に興味深い議論を提供している。
(32) Tinbergen(1951)が引用している多くの例の中から(この例は85頁で論じられている)。
(33) Lashley(1950)を参照のこと。Sperry(1955)は、ラシュリーその他の実験結果、およびラシュリーが引用しているその他の事実を説明するためには、単純な条件付けにおいてですら、洞察、予期などの類いの高レベルの脳活動が関与していると仮定する必要があると述べている。スペリーは、このような条件付けられた反応の「根底にある神経メカニズムに関する満足のいく構図は、現段階ではまだ存在しない」と述べている。
(34) さらにいうなら、話し手の動機の強さは、ごく単純な場合を除いて、遮断期間の長さには対応しない。明らかな反例は、Hebb(1949:199)で述べられている「ピーナッツ現象」(訳注5)である。もちろん、生理的動因と関係ない「遮断」を考えるときには、この困難はさらに深刻になる。
(35) 「火山が爆発している」あるいは「隣の部屋に殺人狂がいる」という発話に対して、それまでに言語刺激と物理刺激が結びつけられていなくても、感情および行動の両面で適切な反応をする可能性があるように。言語におけるパブロフ型条件付けについてのスキナーの議論(154頁)もこれと同様に説得力がない。
(36) Mill(1843)。Carnap(1955)は、近年の再定式化として、話し手Xにとっての述語Qの意味(内包)を「Xが述語Qを対象yに帰すことが無理なくできるためにyが満たすべき一般的条件」と定義している。表現の内包は、しばしば、その表現の「情動的意味」(つまるところ、その表現に対する情動的反応)ではなく、その表現の「認知的意味」をなすといわれる。
これが意味というものに対する最良なアプローチかどうかはともかく、表示、認知的意味、情動的意味が全く別物であることは確かである。意味についての経験的研究ではこの区別がしばしば曖昧にされ、その結果、大きな混乱が生じている。例えば、オズグッドは、ある刺激が別の刺激を表す記号になる（ブザーが餌の記号になる、語が物の記号になるなど）という事実を説明するという課題に取り組んでいる。これは明らかに、（言語的記号に関しては）表示の問題である。しかしながら、意味を定量化し測定するために彼が実際に開発している方法（Osgood, Suci, Tannenbaum 1957を参照）は、情動的意味のみにあてはまる。例えば、AがヒトラーとB科学の両方を強烈に嫌っていて、どちらも極めて強力でかつ「能動的」であると考えており、Bは、ヒトラーについてはAと同意見でありつつも、科学に関しては、それほど役にも立たず重要でもないと考えてはいるが、それでも大好きであったとする。その場合、Aは「ヒトラー」と「科学」に対して意味微分法の尺度の同じ位置を割り当ててよいが、Bは「ヒトラー」に対してはAと同じ位置を割り当てるが、「科学」に対しては全く違う位置を割り当てることになるだろう。とはいっても、Aは「ヒトラー」と「科学」を同義語だと考えているわけでもなく、また、この二つが同じ指示対象をもつと考えているわけでもない。そして、AとBが、「科学」の認知的意味については一致するということがありうるのである。明らかに、ここで測定されているのは当該の事物に対する態度（単語の情動的意味）である。オズグッドの説明には、表示から認知的意味へ、さらに情動的意味へと段階的な移行がみられる。ここでの混乱は、間違いなく、「意味」という言葉がこれら三つの意味（あるいはそれ以外の意味も含めて）すべてで用いられているという事実によるものである。［この書評と同じ号にある Carroll（1959）による Osgood, Suci, and Tannenbaum（1957）の書評を参照のこと。］

（37）最も明快な指摘は、Quine（1953）による。特に第二、三、七章を参照。

（38）指示を用いて同義性を特徴付ける方法は Goodman（1949）によって示唆されている。その問題点については Goodman（1953）が論じている。Carnap（1955）の第6節ではこれと極めて類似したアイデアが提示されているが、いくらか誤解を招く表現になってしまっている。というのは、彼は外延的（指示的）概念のみが用いられているという事実を明確に述べていないからである。

(39) 概して、ここで論じられている例の扱い方は妥当ではなく、また、提案されている分析の成功は誇張されている。それぞれの事例において、提案されている分析は、たいがい客観的よそおいをまとっているが、分析された表現とは等価ではないことが容易に見て取れる。一つだけ例を挙げると、〈私は眼鏡を探している〉という反応は、提案されている言い換え、すなわち、「過去において、こういう風に行動したとき、眼鏡が見つかり、その後、そのような行動をやめた経験がある」もしくは「眼鏡の発見にこれまでつながっていた行動を自発する気に私がなる状況が生じた。そのような行動には、私が今従事している探すという行動が含まれている」という表現とは、明らかに等価ではない。初めて自分の眼鏡を探す可能性もあるし、また、眼鏡を探すにあたり、時計を探すのと同じ行動を自発する可能性もある。この場合、〈私は眼鏡を探している〉と〈私は時計を探している〉は、スキナー流の言い換えでは等価である。このような表層的なやり方では、行動の意図目的に関わる難しい問題を扱うことはできない。

(40) しかしながら、スキナーは、模倣に関わる生得的機能や傾向が人間(あるいはオウム)に存在することを否定しようとして随分と苦労している。彼の唯一の論拠は、読むことに関わる生得的な傾向の存在を誰も示唆したりはしないだろうにもかかわらず、読むことと音声模倣的な行動は類似した「動的特性」をもつというものである。しかし、この類似性は単に、彼が用いている記述範疇が粗雑であることを示しているにすぎない。

スキナーは、オウムの場合、模倣することではなく、模倣がうまくいくことによって強化されることのみが本能的に可能であると主張している(59頁)。「強化」という語のスキナー流の使用法の下では、他のあらゆる本能的行動についても全く同じことがいえるので、この二つの言い方に違いを見て取ることは困難である。例えば、別の科学者が、ある鳥が本能的に、ある特定のやり方で巣を作る、と述べるところを、スキナーの用語では(等価な言い方として)、その鳥は、巣をこのやり方で作ることによって本能的に強化されている、と表現することができる。そう考えると、彼の主張は、ここでも「強化」という言葉を儀礼的に導入しただけのものとして退けたくなるところである。何かしら適切な明確化が行われれば、スキナーの主張にも何らかの真実があるのかもしれないが、「強化」という術語に何らかの実質的意味を与えたとしても、有能な観察者によって報告された事例のうちどれほどのものが扱えるようになるのか、なかなか見えてこない。Thorpe(1956: 353)および Lorenz(1952: 85–88)を参照。模倣が二次強化を通してどのように発達するのかを示そうとしているマウラーですら、二次強化による模倣が――彼自身はそのことを信じているようであるが――真であるとは言い難いということを示す事例を挙げている(Mowrer 1950: 694)。幼児において、二次強化の観点から模倣を説明するのはどう考えてもうまくいきそうにない。

(41) ただし、この可能性ですら限定的である。この典型例をまじめに受け取るなら、1から100までの数え方を知っている子供であれば、それらの数が並んだ任意の10×10の行列を、九九の表と同じくらいたやすく学習できることになる。

(42)「文学作品の普遍性は、同じことを言う気持ちになる潜在的読者の数を指す」(275頁、言い換えるならば、最も「普遍的な」作品は、月並みな決まり文句や挨拶表現の辞典ということになる)とか、話し手は、我々自身が言おうとしていることを口に出すとき、我々を「強化している」(272頁)ことになる、等々も同様である。

(43) 同様に、知識や事実の伝達は話し手が新しい反応を入手できるようにするプロセスにすぎない、というスキナーの主張(362–365頁)を検討してみよう。ここでは、動物実験との類比はとりわけ弱い。何らかの特殊な行為を行うようにラットを訓練する場合、そのことをラットの行動レパートリーに一つの反応を加えることであると見なすのは理にかなっている。しかしながら、人間の伝達行為の場合、こうした用語法に何らかの意味をもたせるのは極めて困難である。AがBに、鉄道が崩壊の危機に瀕しているという（Bにとっては新しい）情報を与えた場合、いかなる意味において、〈鉄道が崩壊の危機に瀕している（The railroads face collapse）〉という反応はBにとって現在可能になったものであり、それまでは可能ではなかった、ということができるのだろうか。Bが事前に（それが本当かどうか知らずに）そのようなことを言ったり、（例えば、Collapse face railroads the と異なり）それが文法的な文であると知っていたりすることは、充分、ありえることである。反応強度が増大するということが厳密に何を意味するにせよ、そんなことが起こったと考える理由は何もない（例えば、Bはこの事実に何も興味をもっていないかもしれないし、あるいは、その事実を伏せておきたいと思っているかもしれない）。どのようにすれば、「知識を与える」ことに対するスキナーの説明をつまらない言い換えにしてしまうことなく、この「反応を入手可能にする」という概念を特徴付けることができるのかは、決して明らかではない。

（44） 332頁。しかしながら、次のページには、同じ例文中のsは「the boy（その少年）として記述された対象が、running（走行）という特性を所有している」ことを示す、とある。このような概念スキームでは整合性を保つことさえ困難であることが簡単にわかってしまうのである。

（45） まさにこの逆こそが真であると論じた方がよいのではないか。発話の途中での小休止は大きな範疇（名詞、動詞、形容詞）の前に起こる傾向があることが、研究によって示されている。このことは、通常、不確実性ないし情報が最大になる位置で小休止が起こる、という形で述べられている。合成プロセスが継続中であるということを小休止が示しているというのがもし本当だとしたら、その限りにおいて、「基軸反応」は「文法的枠」にあわせる形でのみ選択されているように思われる。オズグッドによる未発表論文ならびにGoldman-Eisler（1958：67）を参照。

（46） 例えば、言語行動の実際の単位は本当のところ何なのか。どのような条件下で物理的事象が注意をとらえたり(つまり刺激となったり)強化子になったりするのか。特定の事例において、どのような刺激が「制御」しているかを決定するにはどのようにすればよいのか。どのようなときに刺激が「類似のものである」といえるのか。等々。(例えば、自動車やビリヤードの玉に向かって〈止まれ〉と我々が言うのは、それらが強化の主体と充分類似しているからである(46頁)、といわれてもあまり興味はもてない。)

類似や般化のような未分析の概念を使用しているのは特に気になる点である。というのも、このことは、言語学習や新たな場面での言語使用に関するあらゆる重要な側面に対する興味が明らかに欠如していることを示しているからである。何らかの意味において言語が般化によって学習される、とか、新しい発話や場面が何らかの形ですでにお馴染みの発話や場面と類似している、というようなことを疑った人はこれまで誰もいない。我々にとって重大なる関心事は、その「類似性」とは具体的にいうといかなるものであるか、ということに尽きる。ところがスキナーは、どうやらこの問題に何の興味も抱いていないようである。Keller and Schoenfeld(1950)は、こうした概念(彼らが特定したもの)をスキナー流の「現代の客観的心理学」に取り込むことに着手している。「二つの刺激に対して同じ種類の反応をする場合」にこれらの刺激は類似していると定義するのである(124頁。しかし、いつ、反応が「同じ種類」ということになるのか)。この定義だと、彼らの「般化の原則」(116頁)が、どのような合理的解釈をしてみても同語反復になってしまっていることに彼らは気づいていないようである。言語学習や、適切な場面における新たな反応の形成を研究する際に、そういう定義がたいして役に立たないことは明らかである。

(47) Lashley(1951)。

(48) この点に関して、本質的に不可思議なことは何もない。複雑な生得的行動パターンや「特定の形で学習する」生得的「傾向」は、下等生物において入念に研究されてきた。そのような生物学的構造が高等生物の複雑な行動の獲得において重要な影響を及ぼすことはないだろうと多くの心理学者が信じているきらいがあるのだが、こうした態度をきちんと正当化する根拠を見つけることは私にはできなかった。人間の学習の特徴について何か意義のあることを言うつもりなのであれば、複合的な「情報処理システム」と見なすことができる利用可能な戦略を入念に分析する必要があるということが近年の研究では強調されている(Bruner, Goodnow, and Austin 1956; Newell, Shaw, and Simon 1958 を参照のこと)。こうした戦略の大部分は生得的なものであるかもしれないし、あるいは、まだほとんど何も知られていない初期学習プロセスによって発達するのかもしれない。(ただし、Harlow 1949 およびその後の多くの論文においては、学習の性格の驚異的な変化が早期の訓練の結果であることが示されている。Hebb 1949: 109 以下も参照。)こうしたシステムが極めて複雑であることは疑いようもない。本節でふれたトピックについての議論は、Lenneberg(未公刊)および Lees(1957: 406 以下)を参照されたい。

(訳注1) 第2節で前もって言及されていたが、飢えなどの生理的欲求を解消するための行動を引き起こす内的状態を「動因」と呼ぶ。生物がもっている動因が反応によって満たされ低減することによって反応が強化され、学習が生じる、とするのが(C・L・ハル(Hull)による)「動因低減説」である。

(訳注2) 「遮断化」は動物実験では「摂取制限」と呼んでいたものと同じ概念(英語では deprivation)。動物実験との関連は以下言及される。なお、マンドの名称は英語の command や demand からとられている。次の文にある「命令」は command の訳。

(訳注3) 連想が次々に起こり、思考が一定の方向に向かない状態。

(訳注4) 単独では生起できず、他の要素と関係をもつことによってのみ生起できる要素。

(訳注5) 最初の誘因が強い動機付けになる現象。

# 言語発達の生物学的理論を目指して

エリック・H・レネバーグ

梶浦真美［訳］

ここに訳出されたものは、一九六七年出版のエリック・H・レネバーグ(Eric H. Lenneberg)の古典的著作 *Biological Foundations of Language*, John Wiley & Sons, New York の最終章である第九章(371－395頁)で、当該章の参考文献部分を含む。既訳としては、佐藤方哉・神尾昭雄の手になる『言語の生物学的基礎』が一九七四年に大修館書店より出版されている。今回の翻訳は、それを参考にしつつも、日本語としてより読みやすく、かつ、正確であることを目指してなされた。例えば、旧訳では章題が「言語進化の生物学的理論を目指して」となっているが、実際に読んでいくとすぐわかるように、この章の主たるテーマは子供における言語発達であって、英語の原題も「言語発達」を意味するものが使われている。言語進化の問題は言語発達に関連する限りにおいて言及されているにすぎない。言語の史的変化についても触れられているが、生物学的観点からすると、その原因は、子供が前の世代とは異なる文法システムを獲得してしまうからだ、ということになる。以下、レネバーグの議論の流れをまとめる。

まず、出発点となるのは、認知能力をもっていると見なすことができる動物一般についての疑問の余地がない理解で、認知機能がそれぞれの種に固有のものであると同時に、種においては普遍的に存在することが大前提となる。さらに、種固有の認知能力は、外界からの刺激に促されて個体の成長とともにその形を整える。他の動物より未成熟の状態で生まれてくるヒトの場合、出生後の発達が種固有のものによってどのように制御されているかに特に注目する必要がある。ヒト以外の動物で周囲の個体からの刺激が発達に重要な役割を果たすことがよくあるが、外界からの刺激が認知能力の発達にとって重要であると言うとき、このような社会的なものも含まれる。(第1節)

言語に関しては、ヒト固有の認知能力に基盤をもち、その上で、個体の成長に関する上記の前提が当てはまるものと考える。認知機能のなかでは、脊椎動物一般にみられる範疇化がヒト固有のものに改編されて、言語システムの根底をなしている。これを司るのは大脳であって、末梢神経組織ではない。また、言語にみられる多様性は範疇化を含めた認知能力の範囲内に収まる。これが言語の普遍的性格を規定することになる。言語の普遍性と多様性を個体の発達という視点から眺めると き、発達の過程を潜在構造から実現構造へという具現化と成熟のプロセスとして捉えるのが妥当であろう。この言語発達には臨界期というものが存在し、脳の成熟と歩調を合わせて一〇代前半をもって具現化は終了する。この間に周囲から言語発達の原材料となるべきものを受け取ることになるのだが、臨界期をすぎてしまえば周囲の個体の言語行動は原材料であることをやめてしまう。(第2節)

言語発達に関する本書での理論が他の動物における認知能力の発達の特殊例にすぎないことは、再度、強調しておくべきことである。子供の成育において言語が段階的発達を遂げることは、言語以外の発達がヒトを含めた動物一般で、生後、段階を経て成し遂げられていくことと何か本質的に違っているわけではない。言語の生得性はこうした事実を背景に理解されるべきである。(第3節)

言語の普遍的性格は、歴史を通して変化しないものに着目することによって際立たせることができる。音声言語が音素に基づくものであること、言語の構造パターンが本質的に同じ構造組織をもっていることなどは、普遍の部分に属する。言語を使用することによって人間生活における当たり前のコミュニケーションが可能になっていることも、時代にかかわらず、どのような言語が使われていても当然のこととして受け止められている。

言語の史的変化とそれを抑制する要因を考えるとき、変わらずに一定状態に保たれているものは進化の結果としてヒトが言語を獲得したことに起因するもの（潜在構造）であり、ほんの数世代という短期間で起こる変化は実現構造に関するものであると位置づけることから出発するのが本書での立場である。潜在構造が影響を受けてしまったような個体が出現した場合、その背後にある遺伝的特性は、言語がうまく機能しないために子孫を残す形で社会に広がっていくことが困難であり、それゆえにそのような潜在構造に関わる変化は起きにくい。逆に、潜在構造が影響を受けない実現構造における変異は、社会的に許容範囲が広く、周囲の個体との接触を通じてなされる言語発達によって拡散しうる。ほんの数世代で実現構造についての変化が起こってしまうのはこのためなのである。方言の分布なども、言語発達時における他の個体との接触という観点から理解することができる。また、自然言語に基づく複雑なコミュニケーションシステムが無理なく維持できていることにも、実現構造における変異に対する許容度の高いことが一役買っていると考えられる。（第4節）

ヒトの言語能力の生得性に対する疑念は根拠のないものである。言語の統辞パターンの認識は言語特有の規則にそって処理しなければ不可能で、その規則体系には何らかの生得的な制約が課されていると考えるほかない。先に述べた範疇化の様式はこのような生得的な制約にあたり、この他、潜在構造から実現構造への具現化の一般的様式にも普遍的なものがみられ、生得的なものに根ざし

ているると考えるべきである。（第5節）

［渡辺　明］

これまでの議論で、言語に関わる多くの異なった側面を取り上げ、さまざまな結論を引き出し、さまざまな説明を提供してきた。ここで全体像が見渡せるような視点をとってみることにする。そうすることで得られる概要から、何らかの統合理論がみえてくるのではないかと思う。

## 1　五つの一般的前提

ここで提唱する言語理論は、以下の五つの、経験的に検証可能な生物学上の一般的前提に基づくものである。

**(i) 認知機能は種に固有である。** 生命のほぼすべての側面は、何らかの分類が可能である。形式上、こうした分類はすべて、タイプとトークンから成る階層であり、階層のどのレベルにおいても、各トークンの間に相違を認めることができると同時に、それら複数のトークンを論理的に一つのタイプに割り当てることができる共通性が存在する。この共通性は、必ずしも、階層を追うごとに抽象化していく理論上の概念であるとは限らず、生理学的、構造的な不変性によって示唆される。解剖学レベルにおけるそのような不変性の例としては、細胞の構成が挙げられる。これはすべての生物に共通のものなのである。感覚知覚の領域においては、動物全体の共通特性となる生理学上の性質があり、どの種にも刺激に対して非常に類似した純閾値がみられる。異なる種の行動を比較すると、やはり一定の不変性が見つかるのであって、報酬と罰の一般効果はその一例である。しかし、これらの例のいずれにおいても、種間の違いがないわけではない。細胞は種固有の形態を成すように組み合わされ、感覚は種固有のパターン認識を行うように組み合わされ、行動パラメータは種固有の複雑な行動パターンを生み出すように設定される。

種固有の行動に注目しよう。感覚入力と運動出力を仲介するある特定の大脳機能があり、これを総称して**認知機能**と呼ぶ。認知機能の神経生理学的メカニズムはあまり解明されていないが、行動上の相関物としては、特定のやり方で範疇化(類似性を抽出)する傾向、問題を解決する能力、学習の構えの形成、特定の方向に般化する傾向、ある状況を記憶し他を記憶しない才能などが挙げられる。こうした諸々の潜在能力すべての相互作用、もしくは統合パターンによって、種に固有の認知機能が作られる。このことから、現代の行動生物学の先駆者であるフォン・ユクスキュルは、あらゆる種が独自の世界観をもつという説を提唱した。彼の定式化がもつ現象学的な意味合いは今日では時代遅れにみえるかもしれないが、動物の行動を研究する者にとって、認知プロセスにおける相違が(1)経験的に立証可能であり、(2)種固有の行動の相関物であるという事実は無視することができない。

**(ii)種固有の認知機能の特性は、その種に属するどの個体においても同じように出現する。**あらゆる生物には個体差があるが、一つの種に属する個体同士は互いに非常によく似ており、どの個体にも、形態と機能の両面においてほぼ不変のタイプがコピーされている。種の特徴の大半についての個体差は正規分布（ガウス分布）を成す傾向があり、種内の個体差は、異種間の差よりも小さい（ここでは、種の同定における特別な分類学上の問題は扱わないことにする）。

このような概念を（i）に適用すれば、各々の種を特徴付ける認知プロセスおよび認知能力もまた、各個体に同じように出現することが明らかになるであろう。ここで注意しておいてほしいのは、個体が実際に行うことと、個体が行い得ることとを区別しなければならないということである。種内での類似性は後者についてのことであって、前者については成り立たない。そして、能力の上での類似性は、行為の迅速さや正確さといった変数を無視し、行動の一般的なタイプと様式に集中しない限り、我々の目を引くことにはならない。

**(iii)認知プロセスおよび認知能力は、成熟とともに内発的に分化する。**このことを、環境が発達にどの程度寄与するかという問題と混同してはならない。あらゆる発達にとって、適切な構造的基盤と、しかるべき形式のエネルギーが必要であることは明らかである。しかしながら、たいていの場合、環境の適性がたった一つの生物形態とその発達に限定されているということはない。森の中の池は何百もの異なった生物形態にとって適切な環境となり、カエルの受精卵を養うことにもなれば、ヒメハヤの受精卵を養うことにもなろう。それぞれの卵は、それぞれに適したタイプや形式のエネルギーだけに反応し、カエルの卵はカエルに、ヒメハヤの卵はヒメハヤに成長する。池は、いわば建築用の石を揃えるだけであり、成熟していく個体の中で創出される状態を通して生物の構造が形成されていく。

認知とは生理学的プロセスが行動の上に現れたものと見なされる。形態と機能は、外部から胚の上に重ねる形で恣意的に押しつけられるのではなく、分化の過程を通して段階的に発達する。その基本プランは、発達中の組織に内蔵されている情報に基づく。機能の中には、外部からの刺激、いわば、銃の発射装置の引き金を引くもの、をまって初めて作動し始めるものがあり、哺乳類における呼吸の開始はその一例である。ただし、こうした体外からの刺激が、それによって生じる機能を作り上げるわけではない。パターン認識において立証されているように、種に固有の視覚情報処理様式は、形成期に、適度な光を当てられた物体が存在する環境でそれに最低限接した個体においてのみ発達する。だが、明らかに、環境が入力処理様式を決定しているのではない。というのも、同じ環境が膨大な数の他の視覚パターン認識が発達する背景を成していた可能性があるからである。

**(iv)ヒトは出生時には比較的未成熟である。その行動および認知機能には、幼児期にしか現れない側面がある。**ヒトの出生時の成熟状態(脳と行動)は、他の霊長類に比べて未発達である。この前提は事実を述べたものであり、かつての胎児化やネオテニー説への回帰を意図したものではない(詳細は第四章)。

**(v)動物にみられるある種の社会現象は、成長する個体が自らの行動を、周囲の他の個体の行動に自発的に適応させることによって生じる。**適切な環境とは、単に栄養的、物理的条件についてのことを言うのではない。多くの動物にとって、適正な発達のためには特定の社会条件も必要である。種の生存は、社会的結束ないし社会的協同作業のためのメカニズムの発達に依存していることが往々にしてある。多くの種において、個体が成長する過程で標準的な社会行動を発達させるためには、母親、性的パートナー、グループのリーダーなどにおけるある一定の行動パターンの存在といったような特定の刺激に触れることが必要である。他の個体の社会行動に触れるだけで充分な刺激となる場合もある。種によっては、幼年期のごく限られた形成期に適切な刺激を受ける必要があり、これが実現しないとそれ以降の成長に深刻かつ不可逆的な支障を来すこともある。あらゆるタイプの社会行動の発達において、成長する個体は、あたかも共鳴作用によるかのように行動を開始する。充分に成熟していても、適切な刺激を受けない限り行動は始まらない。刺激にさらされると、共鳴器が特定の振動数の音にさらされて振動するのと同じように、社会的「励起状態」になる。社会行動の中には入り組んだ複雑なパターンから成っているものがあるが、その発達は、類似の行動パターンに合わせて細かく調節したり、それと相互作用したりした結果なのである(例えば、ある種の鳥のさえずりなど)。社会的な入力が乏しければ、行動パターンがいつまでも発達しない可能性がある。

　社会行動は適正な発達と機能のために環境からの引き金を必要とするかもしれないが、引き金となる刺激を、行動形成の原因と混同してはならない。発達の前提となる社会的引き金のメカニズムは、エミリー・ポストが社交界デビューのエチケットを書き連ねたような感じで社会行動の形をあれこれと決定していくようなことはしない。

## 2　本理論の要約

(1)言語は種固有の認知傾向の現れであり、ヒト独特の認知を可能にする生物学的特性の帰結で

[1]ある。言語がヒトの認知に依存していることは、前提(i)で述べた一般現象の一例にすぎない。認知機能が言語よりも基本的かつ根源的な過程であって、言語が認知に依存している度合いがその逆の度合いより比較にならないほど強いことを示す根拠が存在する(第七章および第八章)。

(2)言語の根底にある認知機能は、(脊椎動物に)遍在する範疇化と類似性抽出のプロセスを改編したものである。言語の知覚と産出は、すべてのレベルで、小さな範疇をより広い範疇に包摂し、包括的な範疇をより細かい範疇に分割するといったような範疇化のプロセスに還元することができる。類似性の抽出は、物理的刺激に対してだけでなく、根底にある構造スキーマの範疇に対しても行われる。単語とは個々の範疇化のプロセスに対して与えられた名称である(第七章および第八章)。

(3)自然言語の普遍的な特徴の一部は、解剖学的・生理学的末端機構の特化によって説明されるが、ヒトのこうした特性を記述しても、言語の系統発生を説明することにはならない。ヒトの進化史のなかで、形態、機能、行動は、適応的に相互作用してきたが、この三つのどれをとってもそれが他の「原因」であると考えることは不可能である。末梢器官に重度の障害があっても言語を習得できる場合があるわけで、大脳機能が現在の人類にみられる言語行動にとって決定的な要因となっていることを示している。もっとも、このことは必ずしも、ヒトがどのように発達してきたかという進化の道筋を反映するものではない。

(4)自然言語の変異が可能な範囲は、ヒトの認知形式の生物学的特性によって厳密に限定されている。範疇化の形式と様態、物理的な刺激形態やより深い構造スキーマのクラスから類似性を抽出する能力、脳のデータ処理機構の作動特性(例えば、入力速度の時間制限、入れ子依存のような錯雑パターンを分析する際の解像度、同時処理が必要なデータを記憶する容量の限界など）は、言語形式がどのようなタイプになるかを決定する強力な要因である。しかしながら、課せられた制約の範囲内においても、無限に多くの変異が可能である。このように、言語の外的形式の変動には比較的大きな自由度がある一方で、基底のタイプは一定なのである。

（5）（1）および（2）がもつ意味合いは、我々の認知プロセスが存在することによって、言語が潜在的に可能になるということである。その潜在的可能性とはコミュニケーションシステムのための能力であり、必ずや何らかの特定のタイプにならざるを得ない。この基本能力は、個体発生的には身体成熟の過程で発達する。しかしながら、言語が花開くのを可能にするためには、一定の環境条件も必要である。認知プロセスは成熟によって、**言語準備性**と呼んでもよい状態になるが、個体が実際に言語発達を成し遂げるための建築用ブロックとでもいうべきものに形を与えることができる何らかの原材料が必要になる。この状況は、栄養と成長の関係にいくらか似ている。成長する個体が建築資材として摂取する食物は、化学的に分解され、再構成されてから合成され、組織や器官となる。器官がどのような構造に組み立てられるかという情報は、食物の中にはなく、個体内の細胞構成要素の中に潜在している。子供が言語を合成する際の原材料にあたるのは、周囲の大人が話す言語である。原材料は、言語発達時の合成プロセスを開始させる機能を果たすようである。言語開花の道筋は、認知がたどる特有の成熟経路を通じて厳密に規定されており、従って、言語準備性は**潜在的言語構造**の状態であるということができる。言語の開花は、潜在構造が**実現構造**へと変換される**具現化**の過程である。潜在構造が実現構造に具現化されるとは、認知上決められた基底のタイプに具体的な形を与えることなのである[2]。

(6)この具現化のプロセスは、「言葉を話し始める」ことと同じではない。実際のところ、具現化のプロセスは、特定の反応を行う能力に伴う制約からは独立しており、反応を行うことが末梢的な原因によって不可能であったとしても具現化が生じる可能性がある。この場合、言語理解の兆候があってはじめて具現化が起こっていることが立証される。一方、成長中の子供に言語合成のための充分な原材料が与えられないと(例えば、聴覚障害の場合など)、潜在構造は、一時的ないし永久に具現化されない。

(7)認知プロセスは、段階的な分化を通して成熟する。生理的(従って認知的)機能が独自の性格や特異性を帯びていくさまは、個体発生における細胞や組織の場合とほぼ同じである。器官は沈黙状態から突然に機能を開始するわけではなく、成熟した個体のどの機能をとってみても、発生学的にみてそれ以前の機能から派生したものである。初期の機能が成熟した機能と異なっている場合もしばしばあるかもしれないが、後の派生的プロセスの始動時期がいつであったかを正確に言い当てることはできない。もし言語が生物学的に決定された基盤的プロセスの一側面であるならば、成長する子供における言語発達の原因を探すのは、その子供の耳の発達の原因を探すのと同じで、科学的な有益性はない。それよりも、成熟というものは、成長と言語などの行動の発達を含め、極めて不安定な状態を通り抜けていくことである、と考えるほうが有益ではなかろうか。つまり、ひとつの不均衡が再構成を促し、そこから新たな不均衡が生まれ、またも再構成され、そうした繰り返しを経て、比較的安定した状態(すなわち成熟)に到ると考えるのである。言語準備性はそのような不均衡状態の一例であり、この間に、精神は、言語を構成するブロックをはめこむことのできる場所を作り出す。

(8)言語準備性と呼ばれる不均衡な状態は限られた期間しか続かず、だいたい二歳ごろに始まって、脳の成熟とともに一〇代前半でほぼ終了する。この時点で、安定状態に到達したとみられる。認知プロセスが構造上確定し、一次言語合成能力が失われ、これ以降、脳の機能再組織化がもはや可能でなくなる。

(9)言語の潜在能力と潜在構造はヒトに固有の認知プロセスおよび成熟過程の帰結であるため、すべての健常者において等しく存在すると想定してよい。換言するならば、普遍文法とは、すべての人に共通のひとつの型を有するものであり、個々人の生物学的構成に基づく特定の認知様式の副産物に他ならない。これらがコピーのごとくどの個体にも存在していると考えるのが本理論の基本的スタンスであり、潜在構造から実現構造へと具現化する過程も同じく普遍的であるという考え方につながる。似かよった不均衡状態がどの個体においても繰り返し出現するからである。この想定に対する根拠は、第四章と第七章で論じた言語獲得方策の規則性に見出すことができる。

(10)潜在構造はどの子供にも存在し、また、すべての言語は(無限の変異が可能ではあるが)同じタイプの内的形式をもつことになっているため、どのような言語であっても同じようにたやすく習得することができる。成長過程の子供の周囲で話されている言語の実現構造、つまり外的形式に合わせて、その子の言語の実現構造は形作られる。このようにして言語を習得できるのは、ひとえに、あらゆる言語が、大脳の言語データ処理機構が課す厳しい要件に合致する構造をもつからである。統辞規則や意味作用にいろいろ違いがあるという事実を前にすると、すべての言語が普遍的な同一のタイプに属するという主張は理解し難いかもしれない。だが、この問題は簡単に解決できる。個々の話者は、単語の意味を創造的かつ革新的に使用してかまわないし、単語をさまざまな統辞範疇に再分類してもよいし、統辞規則についても勝手気ままな創造的使い方が可能であるし、考えてみると驚くほどの自由度が許されているのである。外的形式あるいは実現構造のあらゆる側面は、(比較的高い粘性をもつ)流動状態にあって、普遍的なのは我々の「範疇を使って計算する様式」であることを示しているのだが、範疇自体は固定されておらず、多くの可能な操作のうちいずれを選択するかも決められてはいないのである。

(11)個人は原材料から自らの言語発達のための基礎単位を合成するが、その原材料自体が発達中の構造の原因となることはない。その証拠は、幼児の言語獲得の自生的な始まり方に見出すことができる。言語発達の初期段階にある幼児の言語は大人の言語とあまりにも異なっていて、入力をそのまま反映したものとはとても考えられないのである。また、周囲にいる大人が、子供の言語発達の開始を決定する原因となったり、発達の方向を左右する主役になったりしていると考える証拠も存在しない(説明原理としての必要性に関する第四章の議論、言語教育についての第七章の議論を参照)。論理的に考えて、何らかの目的に合致するということも言語発達の主要因ではありえない。

(12)社会的背景は、反応を引き起こす引き金として必要であるかもしれない。それとも共鳴の概念の方がよりふさわしいメタファーであろうか。成熟のある段階において大人の言語行動に触れることは、ある周波数の音が特定の共鳴器に与えるのと同様の刺激効果をもつ。共鳴器は音の存在に反応して振動し始める。言語獲得開始の場合、共鳴に必要なエネルギーは、ある意味、その個人自身によって供給される。引き金のアナロジーの方がよいというのであるならば、自らを解き放つのだと言っていいかもしれない。他方、共鳴のメタファーを使うと、共鳴器に作用する周波数のわずかな差が共鳴の質にいかに影響するかということがより鮮やかに描き出される。フランス語を聞いた子供はフランス語話者になるわけで、それぞれの自然言語は、共鳴を引き出すことができる限られた周波数の範囲から選ばれた周波数帯のようなものである。共鳴が起きる臨界期を過ぎる段階まで成長してしまえば、ひとつの言語がしっかりと確立され、新たな別の自然言語にさらされても共鳴することはなくなる。

従って、ヒトという種における言語行動の伝播と維持は、文化的伝統が世代から世代へ受け継がれていくこととは比べることができない。個人は情報を伝達する受動的な媒体や経路として機能するのではなく、周囲の個人とほぼ同じような構成の自律的単位であり、同じように行動するように出来ている。その行動は社会との接触により活性化され、周囲の人々の行動の構造に表面上はいくらか適応するのだが、覚えておいた方がよいのは、個人は利用できる原材料から言語メカニズム全体を合成(ないし再創造)することができてはじめて機能できる、ということである。原材料は分解できてはじめて役に立つのであり、それは、食物中のタンパク質がアミノ酸に分解されて、内在する潜在構造のパターンにそって再び組み立てられるのと同様である。このように、個人は、いわば自給エネルギーによって機能していると見なされる。(素材が手に入り、それを使うことができた場合に)独力で言語を構築し、自然な発達成長にともなって、自らの機能を周囲で同じように自律的に機能している他の人々の機能と調和させるためのメカニズムが準備されるのである。こうして、個人の言語の外的形式は、生まれながらに属する共同体の言語の外的形式と同じものになっていく。

(13)個人の生物学的構成は、祖先のものがほぼそっくりそのまま複製されたものであるが、当然ながら個体変異が存在する。実際、言語に関する限り、二つのレベルが区別できる。潜在構造の形成と潜在構造が実現構造へと具現化するプロセスの二つである。前者は、認知プロセスの働きないし成熟の進み方における変異によるものと思われ、後者は主として、声道や耳などの末梢的機能・構造の変異によるものである。この二つのレベルの変異によって、言語の恒常性、言語変化、言語の普遍的特性についての主な事実が説明される。

## 3 この理論の説明力

本書で提唱する理論のエッセンスは、以上のとおりである。その主張の大半は、本章の冒頭で挙げた一般的前提(i)~(v)の特殊な例にすぎず、従って、ごくありふれた生物学的現象と見なしてよいものである。しかしながら、いくつかは、行動を説明するために新たに導入した道具立てのようにみえるかもしれない。ただし、こうしたものも、生物学理論のより広い展望の中では、理論的新機軸や論理的に許されないやりたい放題といったことにはならないはずである。ここでは、解剖学的構造や生理学的機能の分化の過程でみられる特徴や特性の大半を取り入れるべく、種特有の行動の博物誌を提案しているのである。特に(5)と(12)では、形態形成や身体発達全般についての理論よりも強い仮定を採用しているわけではない。発生学をとりまく最も重要な問題に対して未だ答えが得られていないことは事実であり、ここで提唱した現象の根底に存在しているであろう分子的メカニズムについても同様のことが言える。発生学理論の現状と同様に、言語発達に対する私の理論も、本質的には、観察可能な事実についての説明的注釈以上のものではない。

観察可能な事実とは、計画的に訓練を行っても言語獲得の速度にあまり影響がない上に、そもそも言語を教える必要性が一切ないということである。共鳴現象は双子の言語発達において最も見事な形でみられることを指摘しておきたい。具現化の過程で互いに影響を与え合うことで、時として、モデルとなる周囲の言語の形態と比較して実現構造すなわち外的形式に独特の逸脱がみられる結果になったりするのである。このほか、言語獲得開始の時期が規則的であって、順序正しくかなり一定して並んでいる他の成熟過程上の里程標の中にもうひとつの里程標としてはまり込んでいることもまた、観察可能な事実である。言語獲得方策が類似しているようにみえること、初期段階に普遍的な類似性が認められること、初期段階の言語と大人の言語では外的形式に違いがみられることも挙げられよう。大人と子供では、後天性失語症からの回復に違いがみられることも観察可能な事実である。さらに、(5)を前提としない限り、視覚障害のある子供が実にやすやすと意味を学習してしまうことを説明できない。視覚に加え聴覚に障害がある場合でさえ、入力と出力を再コード化しなければならないハンディキャップをものともせず言語の基本を獲得することがあるのである。

行動が種に固有であるという一般的主張や、そうした行動を決定する生得的要因があるという仮定は、一八世紀の発達理論における前成説の立場への回帰であると言われることがあるが、これ以上の誤解はない。現代の行動生物学は、今日の発生学と同じく、後成説の立場に立っている。前成説論者は、卵子の中に大人の個体のミニチュアが格納されていると考えていたが、後成説では、大人の形態は、分子の連続的再構成の過程を経て構造が徐々に形成された結果であり、それゆえ、すべての個体は、いわば新たに創造されたものであると考える。とはいえ、形成の法則が成長するすべての個体にコピーされていなければならず、これらの法則が最初の細胞の遺伝物質の中にコード化された情報や指針から得られたものであることは明白である。重力、温度、酸素の有無、成長のための空間等の環境条件は、多くの場合、適正な発達のために必要な要因であるが、それだけでは、複雑な構造をもつ動物の各々に特有な構造プランの形成の仕方を決定するには充分でない。個体において言語がいかにして発達するかというテーマに対する我々の提案は、断じて後成説と対立するものではない。

# 4　自然言語の歴史と分布の生物学的基盤

## (1)理論の基本的考え方

自然言語における一般現象の大半、特に、変化しながらも比較的一定である理由は、ここに述べた理論、特に、主張(5)、(12)、(13)、すなわち、潜在構造と実現構造、共鳴、および個体変異の概念の論理的帰結として与えられる。

記録に残っている諸言語の歴史においてどのようなタイプの変化がみられるかは、あまりにもよく知られているので、ここでさらなるコメントを加える必要はないだろう。比較的一定であることについては、言語に関する議論では見過ごされることが多いが、こちらもかなり明らかなことである。記録に残っている限り、言語の歴史を通して一定の姿を保っている特徴というのは、現代の言語で目にすることができる普遍的特性と一致する。例えば、使われる音素のセットは変化するが、信号伝達が基本的に音素を用いる方法をとっている点は全く変わっていない(記録からわかる限りでは、過去の言語も現在の言語もすべて音素を用いる。音の類推や模倣が音素を用いずに現れることは決してない)。語彙、形態クラスの割り当て、統辞的に表示された単語のグループ分けは時代や場所によっても異なるかもしれないが、すべての言語は環境の中の本質的に同じような側面を扱っているのである(例えば、指示を与えたり、過去の出来事を伝えたり、他人の行動を記述することができないような言語は存在しない)。

あらゆる言語の統辞構造は、同じ基本型を成す。すなわち、発話は形態素の連鎖から成り、連鎖の仕方は決してでたらめなものではない。単語と形態素には必ず機能的範疇を割り当てることができ、あらゆる言語の文は、基底構造に関する評価基準に従って、文法的に容認可能か否かが判断できる。我々の観察するところによると、言語の表層構造は歴史の中で顕著に変化し、その結果、世界各地に多様な言語が生まれることになったのに対し、基底構造の方は、極めて長期間にわたり、かつあらゆる言語共同体の間で、本質的なタイプを変えずにきたことを示す強力な根拠が存在する。我々の理論は、言語構造のこの二つのレベルを、潜在構造と実現構造とこれまで呼んできたものに関連付けることを試みるのである。なお、これらの用語は行動の産物の構造ではなく行動そのものの構造を指している。

### （a）変化の源泉、抑制因子、決定因子

生物における自己複製システムの働きは理想的な正確さからは程遠い。ランダムな変異が生じ、何らかの偏向要因がこうしたそこかしこに生じる変異に選択的に作用しない限り、長期的には、全くもって自己抹消的な結果になる。従って、変異自体、全体としては均一化し、差異を浸食する効果をもつ。このことは、生命全般に、また、生物のあらゆる側面にあてはまる事実である。つまり、変化の源泉は、自己複製メカニズム自体にあり、従って、我々が問題にすべきなのは、種の何らかの特徴（ここでは、コミュニケーション行動の様相）がなぜ変化するかということではなく、何が変化を抑制するかということである。

抑制因子には少なくとも二つのタイプが存在しなければならない。ひとつは、潜在構造のための能力をおそらく五万年以上もの期間にわたって比較的一定に保持する極めて強力なもので、もうひとつは、外的形式や実現構造の変化をほんの数世代のうちに許してしまう非常に弱い抑制因子である。変化の源泉が存在し、非常にゆっくりとした変化かかなり急速な変化しか許さない抑制要因が存在するとして、変化の方向を決める因子の性質はどのようなものだろうか。抑制因子に二つのタイプがあるということは、方向性を決定する因子も二種類あると考えるのが妥当であろう。潜在構造用の能力のゆっくりとした変化は、間違いなく、進化の方向を決めると一般に目されている因子によって方向付けられている（第六章参照）。そうした因子が組み合わされて淘汰圧となり、それが直接間接に、種の形成に寄与する。第二の決定因子は、おそらく、社会的要因（文化的侵略、拡散、社会ステータス要因）や言語パターン全体の内的再構築（例えば、屈折変化の代わりに語順で文法構造を示す、言葉の意

**表1**　言語に対する生物学的傾向の個体変異

| 集団平均からの逸脱の度合い | 変異のタイプ | |
|---|---|---|
| | 潜在構造（進化的変化に関連） | 実現構造の具現化・形成（短期の歴史的変化と言語の多様化に関連） |
| 小さい（頻繁に生じ，あらゆる変化の素材となる） | 言語能力が影響を受ける．言語獲得の可能性とコミュニケーションの有効性は，平均からの逸脱の度合いに反比例． | 言語能力ではなく，言語運用が影響を受ける．逸脱の度合いはコミュニケーションの有効性とは無関係． |
| 著しい（稀にしか生じない場合には，長期的にも短期的にも歴史に痕跡を残さない） | 言語に著しい異常．孤立状態に陥る．発生が稀で，言語機能／組織に根本的改変あり．他の個体が共鳴できない． | 言語運用に重度の影響．反応スキルに欠陥がある場合，理解力は高いものの，先天性の発話障害．末梢の聴覚障害の場合，具現化の過程が阻害され，潜在構造が恒久的に未実現のおそれ(例えば，教育不充分の聴覚障害者)．会話は概して独特，共鳴の可能性は低い． |

味が曖昧になったために新しい言葉を導入する、対立していた音素が融合し新たな音素対立が発生するなど）、さらには、制御されない自由な形でのランダムな変異の発生、などの組み合わせであろう。以下では、変化の方向性を決定する要因については関心から外し、主に、抑制因子の性質についてみていく。

**(b) 潜在構造と実現構造を得る能力の変動**

**表1**に、可能な変異の最も重要なタイプを大まかに分類した。内容については説明の必要はないだろう。潜在構造の改変には、認知の異常によるものと、成熟過程の変異によるものがある。いずれの場合も、入力された言語を利用するための生物学的能力、すなわち、要素を分解再合成して実現構造を作りあげる能力が根底から影響を受け、そのため、言語のための生得的傾向——チョムスキーの言うところの言語能力(competence)——が改変さ

れる。一方、具現化のための能力が改変された場合、言語能力は集団平均から大きく外れることはないが、言語運用(performance)のいくつかの側面が、主として、末梢的ないし概ね偶発的な理由によって、影響を受ける。人それぞれの声道の構造、聴覚、運動行動全般の特異性やそのほか類似の要因が、個人の言語出力に刻印を残し、正常な発話にさまざまなスタイルの違いが生まれるのである。

**(c)変動に対する許容度：あらゆる変化のメカニズム**

変動の性格を述べたところで、進化と歴史における諸言語の動きを説明するには充分でない。これには、許容度という概念を導入しなければならない。潜在構造を形成する能力が集団平均から逸脱している場合について考えてみよう。逸脱が著しい場合、その個人は言語行動を構築することができず、理解することも話すこともできないか、あるいは、論理的に可能な事態としては、改変されたタイプの潜在構造が存在し、独自の働きをする異常タイプの基底構造のパターンの上に言語が構築されて、周囲の人には理解できないようなタイプの規則を生み出すということも考えられる。いずれの場合も、このようなタイプの言語が生物学的共同体の間に広がっていくことはない。潜在構造が同様に歪んでいて、その逸脱した言語行動にうまく共鳴できるような個人は存在しないか、いたとしても充分な数にはならないからである。もっとも、こうした逸脱が遺伝的に伝えられた形質によるものであり、逸脱している子供は同様に逸脱している親に対して共鳴しうるという仮定も考えられる。言語障害を生むメカニズムがここで仮定したものと同じであるか未だ定かでないが、実際、言語障害の家系は存在する。しかしながら、潜在構造の著しい逸脱が集団の中で拡散していく可能性が低い背景には、もうひとつ理由がある。

社会に溶け込むうえで、言語は非常に重要な役割を果たしているので、言語能力の異常は、性的パートナーをみつける機会の減少につながる。逸脱が著しい場合、事実上の隔離状態になり、遺伝子プールから除外される確率が高い。さらに、ある特性が遺伝上改変されている場合には、そのほかの逸脱も伴っている可能性が高く、潜在構造が改変を受けたグループにおける多重異常をもつ個人の割合は、一般集団からランダムに抽出したサンプル群と比べて大きくなる。この裏付けとして、重度の言語機能障害で診察を受けた子供は、感染症で入院した子供に比べ、関連する異常の発生率が高いという事実がある。潜在構造に欠陥があるグループにみられる異常の併発は、そうした個人が一般的な遺伝子プールに混ざるうえでの障壁となり、当該形質を集団内に固着させる可能性は低くなる。このようにして、基準から逸脱した存在を排除する強力なプロセスによって、わずかな逸脱のみが集団から許容される。かくして、変動は絶えず積極的に小さく抑えられ、その結果、度数分布曲線は自動的に狭い基部に急なカーブを描く。

これを具現化の変異と比べてみる。この場合、潜在構造や言語能力が影響を受けることはない。そのため、そうした個人の行動への共鳴ははるかに起こりやすく、社会的コミュニケーションに重大な支障を来すリスクもはるかに小さい。従って、社会的結束を保つためのメカニズムの中で、具現化と表層・顕在構造に対しては、はるかに大きな変異が許容される。言語運用の逸脱は極めて簡単に埋め合わせることができ(例えば先天性聴覚障害者の場合がこれにあたる)、ごく極端な場合を除いて、集団に溶け込み、それによって自らの特異形質を拡散することができる。このように許容度が著しく高いので、度数分布曲線は、潜在構造の異常に比べると、基部がより広くなり、カーブもより緩やかで

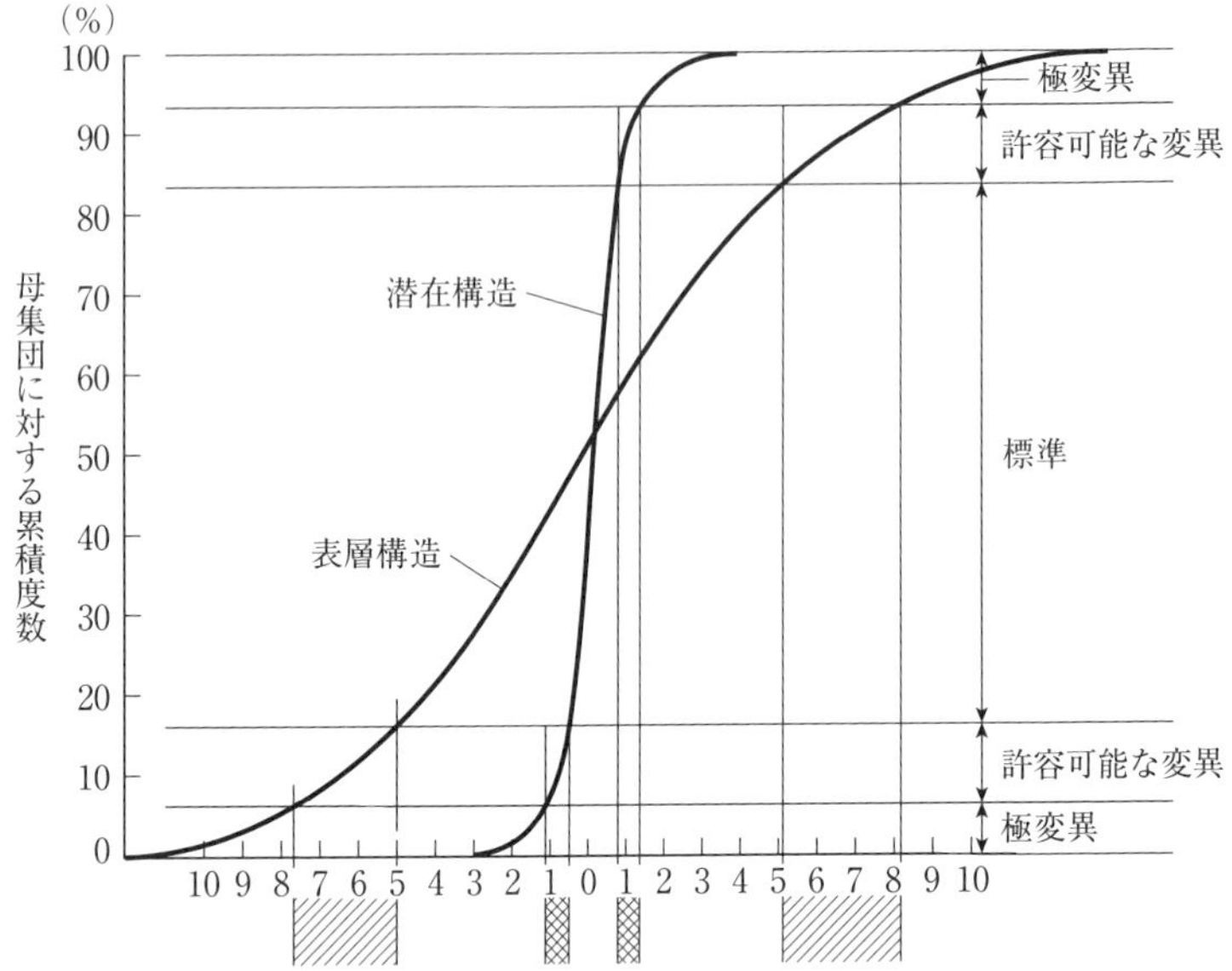


**図1**　潜在構造と表層構造それぞれの形質の累積度数分布(すべての個体において，形質は共通の客観的な基準によって測定可能であるものとする)．潜在構造の度数分布の基部が表層構造の基部に比べてはるかに狭い理由については，本文を参照のこと．このグラフは，変異の許容度の水準が両曲線について同等であり，両曲線が正規型であれば，表層構造の許容可能変異の幅(斜線部)は，潜在構造の許容可能変異の幅(クロス斜線部)よりも広いことを示している．

ある。表層の変異は、潜在構造の変異とは対照的に、保存される傾向にある。**図1**に、潜在構造の変異と、具現化および実現構造の変異について、理論上の累積度数分布グラフを示す。16％点以上84％点以下を標準(正常)と恣意的に定めた。6％点以下および94％点以上を極異常とし、標準と極異常の中間を許容可能異常とした。このグラフをみると、二つの度数分布が、各集団の絶対変異の度合いにおいて大きく異なっていることがわかる。**図1**において、実現構造の特性が許容可能変異である上下各10%の集団が示す絶対変異の幅は、潜在構造の特性が同じく許容可能変異である上下各10%の集団に比べて広い。つまり、言語の表層構造を変化させうる素材は、基底構造を変化させうる素材と比べると、許容される絶対変異の形でより豊かに存在しているのである。それゆえ、淘汰の偏向によってもたらされるかもしれない深層構造の変化は、表層構造の変化に比べてはるかに狭い範囲に限られる。従って、種の歴史において、基底構造の変化は、表層構造の変化に比べてはるかに緩慢な速度でしか生じない。ある一定の大きさの変化を少しずつ起こすのは、一気に大きく動かすよりもはるかに長い時間がかかって当然である。

ここに、我々の説明の核心がある。言語能力のうち深く根本的なものは、選択できる変異の幅が狭いため、少しずつしか変化させることができない。極端に逸脱があると、集団と相互作用する前に排除され、排除されなかったとしても共鳴されることはない。言語の表層構造の方は、種類や規模の点でさまざまに逸脱した個人が集団の中に入ることが許されているので、急速に、色々な方向に変化する。こうした変異は共鳴現象によって広まり、ほんの数世代のうちに、歴史的推移を説明するのに充分な変化を起こしうる。

潜在構造のレベルで我々が扱っているのは生物学的進化であり、変化の方向性を決める偏向の原理は、自然淘汰の原則である。自然淘汰は単一方向の偏向をもたらす。最終的に我々の言語能力を生み出した進化による変容の過程において、前段階への回帰や繰り返しが生じたことはない。

実現構造は、それとは異なる偏向の原理の影響を受ける。こうした原理は速やかに作用し、変化の方向についての自由度も大きく、時には、以前の段階や状態への回帰もみられる。選択的に働く偏向の原因はさまざまであるが、大半は、人間の生得的な言語性向には直接関係しない能力によるものである。意図的に語彙を追加したり削除したりする、おとしめたり持ち上げたりする、特定の意味を狭めたり広げたりする、方言を抑圧する、土地言葉を賛美するなどは、意図的な変更(すなわち、使用可能な素材からの選択)である。一方、意図とは関係ない変化もあり、その場合、変化の原動力が簡単に認識できないこともある。しかしながら、そうした変化も、変化の素材となる潜在的に使用可能な多数の変異から選択されたものである。この良い例が音の変化である。ひとまとまりの言語音の音響特性が改変されると、遅かれ早かれ、音素構造に影響を与える。声道の解剖学的構造や調音のための運動協調に生物学的変異が生じた場合、必ず個々人の言語音の音響特性が影響を受ける。こうした変異は許容範囲が広いので、共同体に自由に入り込み、共鳴現象を通して、あるいは(ブロズナハンやダーリントンが提唱するように)遺伝的メカニズムにより解剖学的、生理学的特性が伝播することでもって、他の話者に影響を与える。

## (2)歴史的変化の方向と速さ

言語学者は、自然言語の最近の歴史的変化の方向性の中に、普遍的傾向を見出そうと繰り返し努力してきた。現代の言語を見る限り、他のどの言語よりも原始的な段階にある言語は存在しないというのが一応のコンセンサスであるようだ。逆に、究極の成熟ないし最終段階に到達した言語と考えてよいものもない。いずれの言語にも歴史があり、いつまでも現在の外的形式にとどまり続ける言語が存在するとは考えられていない。サピア(Sapir 1921)その他の言語学者は、例えば高度屈折タイプないし多総合タイプといった一般タイプから別の屈折なしの分析タイプへ移行し、そこからまた元のタイプと本質的に似たタイプへと回帰していくというような、ある種の循環性というか普遍的定向変化(ドリフト)を言語が示すという説を提唱していた。この定向変化説はすべての文献学者に受け入れられたわけではなく、どの程度循環的であるかも定かではない。近年、史的変化の中に普遍的特徴を見出そうとする入念な努力が積み重ねられてきたが(Cowgill 1963; Hoenigswald 1963)、そのような普遍的特徴が存在する証拠として研究者たちが受け入れてよいと考えるものはほとんど発見されなかった。ある種の変化は何度も繰り返し起こるが、史的変化の方向はさまざまなものが可能なようである。これは本質的に、本理論が予測することと同じである。外的形式、すなわち、可能的潜在態の具現化には大きな可変域が許されており、そうした状況では、どのような方向に変化するかについて内在的な優先順位が存在するわけではない。実際、表層構造において変異が許容されているということは、言語コミュニケーションの根底を成す認知メカニズムの性質に由来するのである。

これまでの章で、言語の全過程がヒト特有の範疇化の様式から導き出せる、ということを強調してきた。厳密にいうならば、単語は、固定され、慣習的に合意された種類分けがなされた対象物に与えられるラベルではなく、範疇化の様式に対して与えられるラベルである。つまり単語とは、生産的、創造的プロセスを特徴付けるものであり、句構造標識と呼ばれる深層スキーマの範疇化についても同様である。もし言語が、単なるラベル付けのプロセスではなく合意によって機能するならば、発話の射程は極めて限定的なものとなり、新しいことについては何一つ話すことができず、子供は何を話し

表2　自然言語における変異と不変性

| レベル | 言語の側面 | 変化速度の指標 | 変化に対する制約と限界の性質 | 変化のメカニズム | 制約内での自由 | 限界を超えた場合の結果 |
|---|---|---|---|---|---|---|
| 基底構造 | すべての普遍的特性(統辞構造，意味構造，音韻構造の形式的一般的特性と時間次元) | 進化上の変化 | 脳の機能とおそらく分子構造 | 遺伝的多様化と自然淘汰 | 範疇化様式の多様性と範疇相互の関係 | 言語獲得不成立，もしくは，他者が学習できない擬似言語の獲得 |
| 表層構造 | 異なる自然言語を区別するあらゆる特性 | 世代(逸脱の発生率が一定であれば，言語変化の速度もほぼ一定) | 社会的相互作用のプロセスとその正しい働き | スキルのランダムな変異．共鳴現象に内在する言語運用における独自性の許容 | スタイル，内容，音声化における個人の自由 | 社会的孤立 |

てよいかについて一通りのことを覚えるのに長い年月をかけていることになる。だが、実際にはそうでないことは、普通に言語コミュニケーションを観察すれば明らかに示されている。語彙も統辞規則もプロセスの現れであるから、これらを用いる際には、かなりの自由度が個人に与えられている。個人独特の規則適用の仕方を他人が理解する(つまり、かなり大まかな法則に従って形成されるあらゆる新しい発話を理解する)という事実は、ここで仮定している許容度がその前提となっている。新しい単語を創り出す、単語を品詞の上で再分類する、また、通常の統辞・音韻規則を少々ねじ曲げるといったことまでも許容されているのである。この許容度が史的変化の鍵となる。個々が行使できる自由は、何かしらの恒常的な力によって統御されているようにもみ

えない。その結果、言語は、歴史を通して、ありとあらゆる方向に動くことができ、ある特徴が、なんの秩序もみられないまま繰り返し消滅したり出現したりするのである。

変化の速度は(Hockett 1950も措定しているように)究極的には世代交代に左右され、ひいては、共鳴現象、つまり、子供時代には可塑性があるがその後それが失われるということと関連してくる。思春期までに安定状態に入り、通常、言語習慣を変えることはないため、言語の変化が世代の長さより速く伝達されることはない。世代が重なったり世代間で相互作用を起こしたりすることによって、変化の速度はさらに遅くなる。こうしたわけで、史的変化は六〇年ないし一〇〇年足らずで現れることはない。この議論の要約については、**表2**を参照されたい。

### (3)分布

バーナード・ショー原作の『マイ・フェア・レディ』に登場するヘンリー・ヒギンス教授は、方言地理学なるものを世界中に知らしめた。地理的に移動することなく、他民族の侵入や移住により言語が影響を受けることもなく、また、ラジオ等のマスメディアにより言語習慣が他と同質化されることもなければ、人の集団は方言共同体を形成する傾向がある。各共同体の地理的範囲は、その区域のメンバーが顔を合わせて社会的な交流をする範囲によってかなり明確に決定される。共鳴現象により、人が交流することで言語習慣が互いに伝染するのである。隣接する方言区画は明確な特徴(等語線)によって区別でき、区域と区域を識別する特徴は、地理的距離が大きくなるにつれ(つまり、間に介入する区域の数が増えるにつれ)増加する。方言分化は非連続的に進行し、進行の程度もまちまちである。等語線の中には、区別的特徴がたくさん折り重なっていて、隣接する方言の違いを際立たせるようなことになるものもある。

全く異なった系統の言語を話す民族の領域が隣接することがあるという事実によって、言語地理は、さらに複雑になる。ローマン・ヤーコブソンは、全く異なる隣接した言語が音韻素性に関して互いに混合することはよくあると指摘している。例えば、文法や語彙の点からは同語族とは思えない多くのアフリカの言語に、共通して吸着閉鎖音(舌打ち音)がみられる。ヨーロッパの言語における歯間摩擦音(th)の分布は同族言語に限られるわけではなく、起源が異なる言語の境界を越えて、それほど時間をさかのぼらない時期に拡散したようである。太平洋沿岸やメキシコ湾周辺のアメリカ先住民の言語には、全くタイプが異なっているにもかかわらず、通常/tl/と表記される特徴的な音結合を共有するものがある。

言語地図や方言地図がパッチワークキルトのようなパターンを示す理由は、共鳴理論がとてもよく説明してくれる。すなわち、言語を獲得しつつある子供は、単に自分の家族だけでなく、社会集団全体に対しても共鳴する。その顕著な例がアメリカの移民の子供で、両親が訛りの強い英語を話していても、子供の方は標準アメリカ英語を話す。子供の言語は、接した人々の言語パターンにならって形成されるのである。集団内の顔を合わせての接触は何らかの社会制度や社会機構によって制御されている。同じ地域の住民間においてすら、個々人の接触が全くランダムに行われることはない。これは、国籍/民族上の帰属やさらには社会階級の違いといった要因による。こうした政治的、社会的な境界があるため、地理的距離に直接比例して言語の差が徐々に際立ってくるのではなく、急激な非連続的変化がみられることになる。つまり、等語線は方言の違いを明瞭に画する境界線なのである。もちろん、起源が全く異なる言語が接する地域では、非連続的特徴ははるかにより劇的なものとなる。

言語境界を越えて同じ音韻特徴が共有されるのは、子供が、近くに住む外国訛りで話す大勢の人に共鳴した結果なのかもしれない。そうした現象は、例えば、言語の境界や国境に沿って起こりうる。そうすると、音韻特徴は、さらなる共鳴を通して、言語領域に侵入していく。

## (4)適応上の価値について

もし言語の基本的性格が自然淘汰圧への反応の中で進化してきたのであれば、言語の現在の性質は何らかの意味での最適解であると考えておいてよいのだろうか。こうした主張は、特に自然言語の冗長さと情報伝達能力を測定した結果に関連してなされてきた。しかし、このような説明は常に後付けのものである。ヒトの本質に照らせば、言語は最適であると言うしかない。だが、本書で述べているテーゼが示唆するように言語の性質が本当にヒトの本質の一部であるなら、上記の主張は同語反復になる。ヒトの本質は、言語も含めて、何らかの意味で最適なのか。これは科学というより宗教の問題になる。現代は進化が目指してきた最終目標ではなく、我々は単に生命の連続におけるとある段階にいるというだけである。人類の進化は止まってはおらず、過去、現在、未来が何らかの点で最適であるかどうかはわからない。

一方で、もっと興味深い問題がある。すなわち、共鳴現象の適応上の価値は何かという問題である。(v)で指摘したとおり、共鳴はヒト特有のものではない。動物界において他にも多くみられるものの中から選ばれた、特定のタイプの社会的メカニズムの特徴であって、発達の臨界期とも関連している。社会的結束のためのメカニズムと、それと同時に起こる臨界期の発達との組み合わせは、独立に何度も進化出現しているようである。共鳴を可能にする生理学的、行動上の細々した事柄は、異なる種において同じである必要はない。おそらく、ヒトが独特なのは、共鳴をどう達成したかとそれがどの特定の行動に関連するかにおいてのみであろう。

共鳴が進化の過程で繰り返し起こっていることから、そこに何らかの自然淘汰上の利点が隠されているはずであろうことには、ほとんど疑いの余地はない。その利点とは何であろうか。哺乳類の聴覚信号系を調べてみると、わずかばかりではあるが手がかりがみつかる。ヒト以外の哺乳類の大半が発する音は、個体発生的には、社会的な接触がない中で発達する。誕生時にはまだコミュニケーション行動が存在しないかもしれないが、（適切な物理的・社会的環境が与えられれば）その種に内在する成熟の法則に従って決められた通り発達し、成体になれば、種に固有の信号レパートリーを備えるようになっている。ヒト（および一部の鳥）におけるコミュニケーションの発達は、これとは異なった個体発生をたどる。生得的傾向は同じように決められた通り成長するが、具現化は環境に対する適応特性と結びついて行われる。つまり、二段階の成長コースをたどるのである。第一段階では複製の際の変動はほとんど許容されていないが、第二段階での許容度は非常に高い。この許容レベルの分化こそが、行動進化にとって重要な結果をもたらしているかもしれないのである。

変動に対する許容度は、おそらく、コミュニケーションシステムの複雑さに反比例し、その結果、種が利用できるメッセージのレパートリーに反比例する。コミュニケーションシステムが非常に複雑でありながら適応特性がなく、しかも全行動パターンが、自由度のほとんどない一段階の成長過程で生じる場合、平均からの生物学的逸脱がどんなにわずかであってもパターンを受容したり生成したりする能力が変更されるおそれがあるので、複製が完全でない個体は、外部とのコミュニケーションが難しくなり、ひいては、集団との交流にも支障を来しかねない。従って、非常に複雑なシステムを完璧に維持するためには、許容度を極めて低くすることが必要であるが、そこには、個体を排除することによる損失が伴う。その損失を減らすには許容度を上げるしかないが、そうすると、能力が低い個体の存在を許すことになるので、行動の複雑さの一般水準が下がって均一化し、あげくの果てには、音パターンがおおまかに似ていればコミュニケーションが成立するようなことにもなってしまう。このように、一段階の過程で成熟するコミュニケーションシステムは、全体の複雑さと共同体が個体を失って無駄が生じるリスクとを天秤にかけるのである。

二段階型の発達では、共鳴現象の導入により、こうした問題がある程度回避される。潜在構造は(まだ形態のない)生得的傾向にすぎず、言語準備状態とはまだ最終的分化が見られない初期段階なのである。おそらく、この段階でのコピーを正確に作成することは原始的であるが故により容易であるので、変動に対する許容度が低くても、重大な問題にはならない。個体が成熟するにつれ、分化の最終段階が近づいてきて、具現化プロセスが潜在構造を実現構造へと変える。しかし、この第二段階での変動に対する許容度は極めて高い。個体は共鳴を通して実に多岐にわたる状況に適応し、周りの形態にならって実現形態を作り上げることができる。このように許容度が増大することで、個人を失うリスクは低減する一方で、同時に、コミュニケーション体系の複雑さに対する制約も少なくなる。より広範囲の変異が存在を許され、このことから、事実上制限なしの形でメッセージを生成する特別なメカニズムを伴ったコミュニケーションシステムが進化し、社会的結束と集団構造の組織化という大きな利点をもたらしうるのである。

ヒトにみられる共鳴現象は、実は、種に固有の独特な個体発生史の一面であることに留意したい。共鳴は、ヒトが出生時には比較的未成熟な状態にあることと、それに伴い、子供である時期が長いことに関連している。形成プロセスに、環境の影響(環境の鋳型にあわせたパターン化)が入り込みうるのである。第四章では、この点においてヒトがいかに特異であるかを指摘した。ここに、きわめて示唆的な連鎖反応をみることができる。遺伝的改変によって、コミュニケーション準備状態が具現化のプロセスから切り離されるという特異な発達の歴史が生まれることもある。そうして、潜在構造は実現構造と別のものになり、それぞれ複製の際の変動に対する独自の許容度をもつようになる。第一のレベル(潜在構造)に対する許容度が引き下げられるかわりに、第二のレベル(実現構造)に対する許容度は高まり、かくして、動物学的に前例のない複雑さをもったコミュニケーションシステムが発達する新たな可能性が開かれる。

## 5　生得的メカニズム

かつて「生得性」というものが禁止概念リストにのせられていた時代があった。専門用語のオフィシャルな検閲事情は大きく変わったものの、何であれ生得のものを想定することを、「真に科学的な」

探究という苦行から逃避するための体のいいズルであると考える科学者は、未だに大勢いる。このような考え方は、控えめに言っても、おかしなものである。個々の生物は、生命と呼ばれる連鎖反応の一部である。あらゆる生命の形態はここに由来し、独自の原理を身にまとっている。すなわち、生命そのものが生物の生得の原理なのである。現時点で、生物学にできるのはせいぜい、さまざまな形態がどのように生得的に構成されているのかを発見するぐらいのことであり、これには、環境の力に対し、生物がどのように反応するかという記述も含まれる。こうした反応を研究しても、生得の特性を想定する必要が究極的になくなるわけではなく、単に、生得的構成の正確な本質の解明をしているだけである。生得的メカニズムの発見・記述とは徹頭徹尾経験的な手続きであって、現代の科学研究にとって必要不可欠な一部となっているのである。

このことが言語にどう関係してくるかというと、発話や運動生成の問題を議論から除外し、言語をパターン認識の一特異形態として理解することに焦点を絞れば、最もよくわかる。編集されないままの英語で入力された質問に答える機械を作り出そうとする近年の試みのなかで明らかになったとおり、パターン認識とは、具体的かつ実際手でふれてみることができる問題なのである。

統辞パターンの認識は、確率論的統計に基づくアプローチでは不可能である(Chomsky and Miller 1963; Chomsky 1963; Miller and Chomsky 1963)。統辞法の根底にある諸規則(これらは理解と発話に共通である)は非常に特異なもので、人間にしても機械にしても、与えられた文章をこれらの規則に従って処理しない限り、入力の論理的・形式的解析は不完全なものになり、誤った、あるいはでたらめな反応を生み出すことになる。文法解析器には規則が組み込まれていなければならないと言う場合、ある特有の構造特性、つまり、ある特有の内部組織をもつ装置の存在を想定しているのである。

ある意味、あらゆる生物は、自己組織化システムである。それゆえ、我々が直面する問題は、「言語の処理に必要な、ある特定の組織化が行われる際に、どの程度の自由が許されているのか」ということになる。もし自由度が無限定であったら、人間の能力の本質も無限定であるということになるだろう。このような結論が却下されなければならないのには明白な理由がある。無限定の能力をもつ生物などは他に存在しない。そのような根本的な形で、人間が他の生き物と異なっているとはもはや考えられていないのである。実際、構造上の制限が一切存在しない装置は、自然界のものにしても人工物にしても、想像することさえ到底できない。我々が想定できるのは、せいぜい、あるメカニズムには複数の方法で自己組織化を行う能力が備わっている(つまり、そのメカニズムは、入力条件によって、最終的に、数ある作動様式のうちのどの形をとって作動してもよいようになっている)、ということぐらいである。この定式化をとることで明らかになるのは、ある生物がどういう取り扱いを受けると、その結果、どうなるかを決定するような、明確に指定可能な諸特性をもつ生物学的母型構造をいずれにしても想定しなければならないということである。こうして、生得的諸特性を追究することは、まさに生物学的研究の射程内にあることになるのである。

言語に関していえば、我々が知りたいのは、こうした生物学的母型構造がどの程度こと細かく定義されているか、という点である。これはあくまで経験的な問いであり、その目的は、言語の発達に環境が必要かどうかを見極めることではなく(環境は明らかに必要である)、環境がどの程度、あるいはどのような貢献を言語の発達に対して行っているのかを知ることでさえもない(これらの問いに対する答えはほとんど明らかで、注意を喚起するに値しない)。ここで真に興味ある唯一の問題は、言語の処理のための内部組織がもつ共通様式に付随する「可能な選択肢の範囲」を発見することである。現時点では間接的な手がかり(言語の普遍的諸特性の存在、言語獲得の開始時期が一致していること、そして、言語獲得の普遍的方策の存在)しか我々は手にしていないが、これらの手がかりは、根底にある母型構造が極めて高い固有性をもつことを示している。

これらの議論を踏まえたうえで、「言語行動において生得的であると措定されるものは一体何か」と問うことができる。本質的には、その答えは第七章および第八章で論じた範疇化の様式である。これは潜在構造の一側面であり、さらに、具現化の一般的様式も生得のものなのであるが、これに対し、実際に実現された構造の特定の側面はいずれも生得的なものではない。例えば、ある種の自然言語にのみ見られる諸特徴は、統辞法に関わるものであれ、音韻論に関わるものであれ、あるいは意味論に関するものであれ、それらが生得的であるとは、ここでは想定していない。しかしながら、自然言語において実現された外的構造が発生してくるその過程は、生物学的本性に深く根ざした、ヒトという種固有の生得的特性である、と信ずるべき理由が少なからず存在しているのである。

## 注

(1) こうした言い方をすると、進化論上重大な問題を生じさせてしまうことになるのは事実であるが、我々の関心事は言語であり、あらゆる進化現象に関わるような一般的な問題を、ここで解決しようとは思わない。

鳥類の天測航法やクジラの潜水能力の出現も、言語を可能にした認知の出現に劣らず不可思議なものである。

（2）この定式化を、文法学者が何世紀にもわたって普遍文法と個別文法と呼んできた概念に生物学上対応するものと見なすことも可能であろう。潜在構造は普遍文法のすべての特徴の一般的タイプの部分を担い、実現構造は、個々の発話の特性および個々の自然言語の文法に特有の側面を担う。

# 索　引

## あ行



## か行

索 引



## さ行

## た行



## な行

# 参考文献

日本語版における補足情報を〔　〕内に記す

## 序文

Chomsky, N. (1951). *The Morphophonemics of Modern Hebrew*〔現代ヘブライ語の形態音素論〕. M. A. thesis. University of Pennsylvania, Philadelphia. Revised version published in 1979. New York: Garland. Also published in 2011. New York: Routledge.

Chomsky, N. (1955). *The Logical Structure of Linguistic Theory*〔言語理論の論理構造〕. Ms., MIT Library, Cambridge, MA. Published in part in 1975. New York: Plenum. A paperback edition with an index published in 1985. Chicago: The University of Chicago Press.

Chomsky, N. (1956). Three models for the description of language〔言語記述のための三つのモデル〕. *I. R. E. Transactions on Information Theory*, IT-2, Proceedings of the Symposium on Information Theory, September, 1956, 113–124. Reprinted in 1963 with corrections in *Readings in Mathematical Psychology*, vol. II, R. D. Luce, R. R. Bush, and E. Galanter (eds.), pp. 105–124. New York: John Wiley & Sons.

Chomsky, N. (1957). *Syntactic Structures*〔統辞構造論〕. The Hague: Mouton.〔チョムスキー『統辞構造論 付『言語理論の論理構造』序論』福井直樹，辻子美保子 訳，岩波文庫，2014 年〕

Chomsky, N. (1959). Review of B. F. Skinner's *Verbal Behavior*〔書評　B. F. スキナー『言語行動』〕. *Language* 35: 26–58.

Chomsky, N. (1964). *Current Issues in Linguistic Theory*〔言語理論の現在の諸論点〕. The Hague: Mouton.〔N. チョムスキー「言語理論の現在の問題点」N. チョムスキー，M. ハレ『現代言語学の基礎』橋本萬太郎，原田信一 訳，大修館書店，1972 年〕

Chomsky, N. (1965). *Aspects of the Theory of Syntax*〔統辞理論の諸相〕. Cambridge, MA: The MIT Press.〔第 1 章の邦訳として，チョムスキー『統辞理論の諸相 方法論序説』福井直樹，辻子美保子 訳，岩波文庫，2017 年〕

Chomsky, N. (1966). *Cartesian Linguistics*〔デカルト的言語学〕. New York: Harper and Row. The third edition published in 2009 with a new introduction by J. McGilvray. Cambridge: Cambridge University Press.〔ノーアム・チョムスキー『デカルト派言語学——合理主義思想の歴史の一章』川本茂雄 訳，テック，1970 年；新版：みすず書房，1976 年〕

Humboldt, W. von (1836). *Über die Verschiedenheit des menschlichen Sprachbaues und ihren Einfluß auf die geistige Entwicklung des Menschengeschlechts*〔カヴィ語研究序説〕. A. Leitzmann (Hrsg.). *Wilhelm von Humboldts Gesammelte Schriften*, Band VII, Einleitung zum Kawiwerk, Königlich Preussische Akademie der Wissenschaften. Berlin: B. Behr's Verlag, 1907.〔ヴィルヘルム・フォン・フンボルト『言語と精神──カヴィ語研究序説』亀山健吉 訳，法政大学出版局，1984年〕

Lenneberg, E. H. (1967). *Biological Foundations of Language*〔言語の生物学的基礎〕. New York: John Wiley & Sons.〔E. H. レネバーグ『言語の生物学的基礎』佐藤方哉，神尾昭雄 訳，大修館書店，1974 年〕

**イントロダクション**

Baker, M. C. (2001). *The Atoms of Language: The Mind's Hidden Rules of Grammar*. New York: Basic Books.〔マーク・C. ベイカー『言語のレシピ──多様性にひそむ普遍性をもとめて』郡司隆男 訳，岩波書店，2003 年；岩波現代文庫，2010 年〕

Barsky, R. F. (1997). *Noam Chomsky: A Life of Dissent*. Cambridge, MA: The MIT Press.〔ロバート・F. バースキー『ノーム・チョムスキー──学問と政治』土屋俊，土屋希和子 訳，産業図書，1998 年〕

Berwick, R. C. (2017). A feeling for the phenotype. In *The Cambridge Companion to Chomsky*, 2nd ed., J. McGilvray (ed.), pp. 87–109. Cambridge: Cambridge University Press.

Berwick, R. C. and N. Chomsky (2016). *Why Only Us?: Language and Evolution*. Cambridge, MA: The MIT Press.〔ノーム・チョムスキー，ロバート・C. バーウィック『チョムスキー言語学講義──言語はいかにして進化したか』渡会圭子 訳，ちくま学芸文庫，2017 年〕

Boomer, D. S. (1965). Hesitation and grammatical encoding. *Language and Speech* 8: 148–158. Reprinted in *Language*, R. C. Oldfield and J. C. Marshall (eds.), pp. 159–170, Penguin Books, 1968.

Brown, E. R. (1975). Eric H. Lenneberg. In *Foundations of Language Development*, E. H. Lenneberg and E. Lenneberg (eds.), pp. v–vi. New York: Academic Press.

Bruner, J. (2004). A short history of psychological theories of learning. *Dædalus* 133 (1): 13–20.

Burrow, J. W. (1969). Editor's introduction. In Humboldt (1969).

Byrne, A.(1994). Behaviourism. In *A Companion to the Philosophy of Mind*, S. Guttenplan(ed.), pp. 132–140. Oxford: Blackwell.

Carey, S.(2009). Where our number concepts come from. *Journal of Philosophy* 106(4): 220–254.

Chomsky, N.(1957). *Syntactic Structures*. The Hague: Mouton.〔チョムスキー『統辞構造論 付『言語理論の論理構造』序論』福井直樹，辻子美保子 訳，岩波文庫，2014 年〕

Chomsky, N.(1962). Explanatory models in linguistics. In *Logic, Methodology and Philosophy of Science: Proceedings of the 1960 International Congress*, E. Nagel, P. Suppes, and A. Tarski(eds.), pp. 528–550. Stanford: Stanford University Press.

Chomsky, N.(1965). *Aspects of the Theory of Syntax*. Cambridge, MA: The MIT Press.〔第 1 章の邦訳として，チョムスキー『統辞理論の諸相 方法論序説』福井直樹，辻子美保子 訳，岩波文庫，2017 年〕

Chomsky, N.(1966). *Cartesian Linguistics*. New York: Harper & Row. 3rd ed., Cambridge University Press, 2009.〔ノーアム・チョムスキー『デカルト派言語学――合理主義思想の歴史の一章』川本茂雄 訳，みすず書房，1976 年〕

Chomsky, N.(1968). *Language and Mind*. New York: Harcourt, Brace & World. 3rd ed., Cambridge University Press, 2006.〔第 3 版の邦訳として，ノーム・チョムスキー『言語と精神』町田健 訳，河出書房新社，2011 年〕

Chomsky, N.(1971). *Problems of Knowledge and Freedom*. New York: Pantheon Books. Reprinted by The New Press, New York in 2003.〔ノーアム・チョムスキー『知識と自由』川本茂雄 訳，番町書房，1975 年〕

Chomsky, N.(1972). Psychology and ideology. *Cognition* 1(1): 11–46. Reprinted in Chomsky(1973).

Chomsky, N.(1973). *For Reasons of States*. New York: Pantheon Books. Reprinted by The New Press, New York in 2003.〔ノーアム・チョムスキー『お国のために』(全 2 冊)，いいだもも 訳，河出書房新社，1975 年〕

Chomsky, N.(1975a). *The Logical Structure of Linguistic Theory*. New York: Plenum.〔序論の邦訳は，チョムスキー『統辞構造論 付『言語理論の論理構造』序論』福井直樹，辻子美保子 訳，岩波文庫，2014 年所収〕

Chomsky, N.(1975b). *Reflections on Language*. New York: Pantheon Books.〔N. チョムスキー『言語論――人間科学的省察』井上和子，神尾昭雄，西山佑司 訳，大修館書店，1979 年〕

Chomsky, N.(1977). *Essays on Form and Interpretation*. Amsterdam: North-Holland.

〔ノーム・チョムスキー『形式と解釈』安井稔 訳，研究社出版，1982 年〕

Chomsky, N. (1979). *Language and Responsibility*. New York: Pantheon Books.〔英語版とはやや異なる仏語版からの邦訳として，ミツ・ロナ 編『チョムスキーとの対話——政治・思想・言語』三宅徳嘉，今井邦彦，矢野正俊 訳，大修館書店，1980 年〕

Chomsky, N. (1980). *Rules and Representations*. New York: Columbia University Press.〔N. チョムスキー『ことばと認識——文法からみた人間知性』井上和子，神尾昭雄，西山佑司 訳，大修館書店，1984 年〕

Chomsky, N. (1986). *Knowledge of Language: Its Nature, Origin, and Use*. New York: Praeger.〔第 1 章と第 2 章の邦訳は，福井直樹 編訳『チョムスキー言語基礎論集』岩波書店，2012 年所収〕

Chomsky, N. (1988). *Language and Problems of Knowledge: The Managua Lectures*. Cambridge, MA: The MIT Press.〔ノーム・チョムスキー『言語と知識——マナグア講義録(言語学編)』田窪行則，郡司隆男 訳，産業図書，1989 年〕

Chomsky, N. (1991). Linguistics and adjacent fields: A personal view. In *The Chomskyan Turn*, A. Kasher (ed.), pp. 3–25. Oxford: Blackwell.

Chomsky, N. (1993). *Language and Thought*. London: Moyer Bell.〔ノーム・チョムスキー，黒田成幸『言語と思考』大石正幸 訳，松柏社，1999 年〕

Chomsky, N. (1995). *The Minimalist Program*. Cambridge, MA: The MIT Press.〔N. チョムスキー『ミニマリスト・プログラム』外池滋生，大石正幸 監訳，翔泳社，1998 年〕

Chomsky, N. (1996). *Powers and Prospects: Reflections on Human Nature and the Social Order*. Boston: South End Press. Reprinted by Haymarket Books, Chicago in 2015.

Chomsky, N. (1999). *Profit over People: Neoliberalism and Global Order*. New York: Seven Stories Press.〔ノーム・チョムスキー『金儲けがすべてでいいのか——グローバリズムの正体』山崎淳 訳，文藝春秋，2002 年〕

Chomsky, N. (2000). *New Horizons in the Study of Language and Mind*. Cambridge: Cambridge University Press.〔第 5 章と第 6 章は，初出誌からの邦訳「言語と自然」として分割されずに福井直樹 編訳『チョムスキー言語基礎論集』岩波書店，2012 年所収〕

Chomsky, N. (2008). On phases. In *Foundational Issues in Linguistic Theory: Essays in Honor of Jean-Roger Vergnaud*, R. Freidin, C. P. Otero, and M. L. Zubizarreta (eds.), pp. 132–166. Cambridge, MA: The MIT Press.

Chomsky, N.(2009). Opening remarks. In *Of Minds and Language: A Dialogue with Noam Chomsky in the Basque Country*, M. Piattelli-Palmarini, J. Uriagereka, and P. Salaburu(eds.), pp. 13–32. Oxford: Oxford University Press.

Chomsky, N.(2016). *What Kind of Creatures Are We?* New York: Columbia University Press.

Chomsky, N. and J. McGilvray(2012). *The Science of Language: Interviews with James McGilvray*. Cambridge: Cambridge University Press.〔チョムスキー／J. マッギルヴレイ(聞き手)『チョムスキー 言語の科学——ことば・心・人間本性』成田広樹 訳，岩波書店，2016 年〕

Cohen, D.(1977). *Psychologists on Psychology*. London: Routledge & Kegan Paul.〔2004 年の第 3 版の邦訳として，デイヴィッド・コーエン『心理学者，心理学を語る——時代を築いた 13 人の偉才との対話』子安増生 監訳，三宅真季子 訳，新曜社，2008 年〕

Feigenson, L., S. Dehaene, and E. Spelke(2004). Core systems of number. *Trends in Cognitive Sciences* 8(7): 307–314.

Ferster, C. B. and B. F. Skinner(1957). *Schedules of Reinforcement*. New York: Appleton-Century-Crofts.

Fitch, W. T.(2013). Noam Chomsky and the biology of language. In *Outsider Scientists: Routes to Innovation in Biology*, O. S. Harman and M. R. Dietrich(eds.), pp. 201–222. Chicago: The University of Chicago Press.

Fitch, W. T.(2017). On externalization and cognitive continuity in language evolution. *Mind and Language* 32(5): 597–606.

Gardner, H.(1985). *The Mind's New Science: A History of the Cognitive Revolution*. New York: Basic Books.〔ハワード・ガードナー『認知革命——知の科学の誕生と展開』佐伯胖，海保博之 監訳，産業図書，1987 年〕

Guasti, M. T.(2016). *Language Acquisition: The Growth of Grammar*. 2nd ed. Cambridge, MA: The MIT Press.

Harris, Z.(1957). Co-occurrence and transformation in linguistic structure. *Language* 33(3): 283–340. Reprinted in *Papers on Syntax*, H. Hiż(ed.), pp. 143–210, Reidel, 1981.

Hauser, M. D., N. Chomsky, and W. T. Fitch(2002). The faculty of language: What is it, who has it, and how did it evolve? *Science* 298: 1569–1579.〔抄訳：M. D. ハウザー，N. チョムスキー，W. T. フィッチ「言語能力——それは何か，誰が持つのか，どう進化したのか？」長谷川太丞 訳，『科学』第 74 巻第 7 号，871

−877 頁，2004 年〕

Humboldt, W. von (1969). *The Limits of State Action*. Cambridge: Cambridge University Press.

Jenkins, L. (1999). *Biolinguistics: Exploring the Biology of Language*. Cambridge: Cambridge University Press.

Lees, R. (1957). Review of Chomsky (1957). *Language* 33 (3): 375−408.

Lenneberg, E. H. (1964). A biological perspective of language. In *New Directions in the Study of Language*, E. H. Lenneberg (ed.), pp. 65−88. Cambridge, MA: The MIT Press. Reprinted in *Language*, R. C. Oldfield and J. C. Marshall (eds.), pp. 32−47, Penguin Books, 1968.〔「言語についての生物学的展望」エリック・H. レネバーグ 編『言語と人間科学』有馬道子 訳，南雲堂，1985 年〕

Levin, B. (1993). *English Verb Classes and Alternations: A Preliminary Investigation*. Chicago: The University of Chicago Press.

MacCorquodale, K. (1970). On Chomsky's review of Skinner's *Verbal Behavior*. *Journal of the Experimental Analysis of Behavior* 13: 83−99.

Maclay, H. and C. E. Osgood (1959). Hesitation phenomena in spontaneous English speech. *Word* 15 (1): 19−44.

Meader, C. L. and J. H. Muyskens (1950). *Handbook of Biolinguistics*. Toledo: Weller.

Miller, G. A. (2003). The cognitive revolution: A historical perspective. *Trends in Cognitive Sciences* 7 (3): 141−144.

Miller, G. A. and E. Lenneberg (eds.) (1978). *Psychology and Biology of Language and Thought: Essays in Honor of Eric Lenneberg*. New York: Academic Press.

O'Donohue, W. and K. E. Ferguson (2001). *The Psychology of B. F. Skinner*. Thousand Oaks, CA: Sage.〔ウィリアム・T. オドノヒュー，カイル・E. ファーガソン『スキナーの心理学——応用行動分析学(ABA)の誕生』佐久間徹 監訳，二瓶社，2005 年〕

Osherson, D. N. (general editor) (1995−98). *An Invitation to Cognitive Science*. 2nd ed., 4 vols. Cambridge, MA: The MIT Press.

Richards, R. J. (2002). *The Romantic Conception of Life*. Chicago: The University of Chicago Press.

Rosales, R. (2018). The future of verbal behavior: Together is better. *The Analysis of Verbal Behavior* 34: 12−17.

Trettenbrein, P. C. (2017). 50 years later: A tribute to Eric Lenneberg's *Biological Foundations of Language*. *Biolinguistics* 11.SI: 21−30. http://www.biolinguistics.eu

Watanabe, A.（2017）. Natural language and set-theoretic conception of natural number. *Acta Linguistica Academica* 64（1）: 125–151.
大芦治（2016）『心理学史』ナカニシヤ出版.
泉井久之助（1976）『言語研究とフンボルト』弘文堂.
風間喜代三（1978）『言語学の誕生――比較言語学小史』岩波新書.
亀山健吉（1978）『フンボルト――文人・政治家・言語学者』中公新書.
亀山健吉（2000）『言葉と世界――ヴィルヘルム・フォン・フンボルト研究』法政大学出版局.
木村直司（1976）「ゲーテとフンボルト――自然と言語における比較の原理」『月刊言語』第5巻第10号，70–78頁.
木村直司（1980）「ヴィルヘルム・フォン・フンボルトとゲーテ――自然と言語の形態学」『モルフォロギア――ゲーテと自然科学』第2号，63–73頁.
木村直司（2009）「ゲーテの形態学的使命」J. W. v. ゲーテ『ゲーテ形態学論集・植物篇』ちくま学芸文庫.
斉藤渉（2001）『フンボルトの言語研究――有機体としての言語』京都大学学術出版会.
酒井邦嘉（2019）『チョムスキーと言語脳科学』集英社インターナショナル新書.
杉崎鉱司（2015）『はじめての言語獲得――普遍文法に基づくアプローチ』岩波書店.
福本喜之助（1982）『フンボルトの言語思想とその後世への影響』関西大学出版部.
フンボルト（2019）『国家活動の限界』西村稔 編訳，京都大学学術出版会.
吉永圭（2009）『リバタリアニズムの人間観――ヴィルヘルム・フォン・フンボルトに見るドイツ的教養の法哲学的展開』風行社.
渡辺茂（2019）『動物に「心」は必要か――擬人主義に立ち向かう』東京大学出版会.

## フンボルト「人間の言語構造の多様性と人類の精神的発展におよぼすその影響について」

Bopp, F.（1833）. *Vergleichende Grammatik des Sanskrit, Zend, Griechischen, Lateinischen, Litthauischen, Gothischen und Deutschen*. Berlin : Dümmler.
Bopp, F.（1834）. Friderici Henr. Hug. Windischmanni, phil. Doctoris, *Sancara sive de theologumenis vedanticorum*. Bonnae 1833. Impensis T. Habichti. *Jahrbücher für wissenschaftliche Kritik*. Band II, S. 403–411.〔Friedrich Windischmann（1933）.

*Sancara sive de theologumenis vedanticorum*, 1833 の書評〕

Ewald, H. A.(1827). *Kritische Grammatik der hebräischen Sprache ausführlich bearbeitet*. Leipzig: Hahn Verlag.

Humboldt, W. von(1822–23). Über das Entstehen der grammatischen Formen, und ihren Einfluss auf die Ideenentwicklung. *Abhandlungen der historisch-philologischen Klasse der Königlichen Akademie der Wissenschaften zu Berlin*, S. 401–430, 1825.〔*Wilhelm von Humboldts Gesammelte Schriften*, Band IV, Königlich Preussische Akademie der Wissenschaften(Hrsg.), S. 285–313. Berlin: B. Behr's Verlag, 1905〕

### チョムスキー「書評 B. F. スキナー『言語行動』」

Berlyne, D. E.(1950). Novelty and curiosity as determinants of exploratory behavior. *British Journal of Psychology* 41: 68–80.

Berlyne, D. E.(1955). The arousal and satiation of perceptual curiosity in the rat. *Journal of Comparative and Physiological Psychology* 48: 238–246.

Birch, H. G. and M. E. Bitterman(1949). Reinforcement and learning: The process of sensory integration. *Psychological Review* 56: 292–308.

Bitterman, M. E., J. Wodinsky, and D. K. Candland(1958). Some comparative psychology. *American Journal of Psychology* 71: 94–110.

Brown, J. S.(1953). Comments on Professor Harlow's paper. In *Current Theory and Research in Motivation: A Symposium*, pp. 49–55. Lincoln: University of Nebraska Press.

Bruner, J. S., J. J. Goodnow, and G. A. Austin(1956). *A Study of Thinking*. New York: John Wiley & Sons.〔ブルーナー『思考の研究』岸本弘，岸本紀子，杉崎恵義，山北亮 訳，明治図書，1969 年〕

Bugelski, B. R.(1956). *Psychology of Learning*. New York: Henry Holt and Co.

Butler, R. A.(1953). Discrimination learning by rhesus monkeys to visual-exploration motivation. *Journal of Comparative and Physiological Psychology* 46: 95–98.

Carnap, R.(1955). Meaning and synonymy in natural languages. *Philosophical Studies* 6: 33–47.

Carroll, J.(1959). Review of Osgood, Suci, and Tannenbaum(1957). *Language* 35: 58–77.

Dennis, W.(1955). Early recognition of the manipulative drive in monkeys. *British Journal of Animal Behaviour* 3: 71–72.

Estes, W. K. et al.(1954). *Modern Learning Theory: A Critical Analysis of Five Examples*. New York: Appleton-Century-Crofts.

Ferster, C. B. and B. F. Skinner(1957). *Schedules of Reinforcement*. New York: Appleton-Century-Crofts.

Goldman-Eisler, F.(1958). Speech analysis and mental processes. *Language and Speech* 1: 59–75.

Goodman, N.(1949). On likeness of meaning. *Analysis* 10: 1–7.

Goodman, N.(1953). On some differences about meaning. *Analysis* 13: 90–96.

Harlow, H. F.(1949). The formation of learning sets. *Psychological Review* 56: 51–65.

Harlow, H. F.(1953). Mice, monkeys, men, and motives. *Psychological Review* 60: 23–32.

Harlow, H. F., M. K. Harlow, and D. R. Meyer(1950). Learning motivated by a manipulation drive. *Journal of Experimental Psychology* 40: 228–234.

Hebb, D. O.(1949). *Organization of Behavior: A Neuropsychological Theory*. New York: John Wiley & Sons.〔D. O. ヘッブ『行動の機構――脳メカニズムから心理学へ』(上・下), 鹿取廣人, 金城辰夫, 鈴木光太郎, 鳥居修晃, 渡邊正孝 訳, 岩波文庫, 2011 年〕

Hebb, D. O.(1955). Drives and the C. N. S.(conceptual nervous system). *Psychological Review* 62: 243–254.

Hilgard, E. R.(1956). *Theories of Learning*. 2nd ed. New York: Appleton-Century-Crofts.

Jaynes, J.(1956). Imprinting: The interaction of learned and innate behavior: I. Development and generalization. *Journal of Comparative and Physiological Psychology* 49: 201–206.

Keller, F. S. and W. N. Schoenfeld(1950). *Principles of Psychology: A Systematic Text in the Science of Behavior*. New York: Appleton-Century-Crofts.〔F. S. ケラー, W. N. シェーンフェルト『心理学の原理――行動の科学の体系的なテキスト』(上・下), 村田孝次, 小野茂 訳, 三和書房, 1953 年〕

Koch, S.(1956). Behavior as "intrinsically" regulated: Work notes towards a pre-theory of phenomena called "motivational". In *Nebraska Symposium on Motivation 1956*, M. R. Jones(ed.), pp. 42–87. Lincoln: University of Nebraska Press.

Krasner, L.(1958). Studies of the conditioning of verbal behavior. *Psychological Bulletin* 55: 148–170.

Lashley, K. S.(1950). In search of the engram. In *Physiological Mechanisms in Animal*

*Behaviour*(Symposia of the Society for Experimental Biology vol. 4), J. F. Danielli and R. Brown(eds.), pp. 454–482. Cambridge: Cambridge University Press.

Lashley, K. S.(1951). The problem of serial order in behavior. In *Cerebral Mechanisms in Behavior: The Hixon Symposium*, L. A. Jeffress(ed.), pp. 112–146. New York: John Wiley & Sons.

Lees, R. B.(1957). Review of *Syntactic Structures* by N. Chomsky. *Language* 33: 375–408.

Lenneberg, E. Language, evolution, and purposive behavior. Unpublished ms.(published in S. Diamond(ed.)(1960). *Culture in History: Essays in Honor of Paul Radin*, pp. 869–893. New York: Columbia University Press.)

Lorenz, K.(1952). *King Solomon's Ring*. New York: Thomas Y. Crowell.〔コンラート・ローレンツ『ソロモンの指環――動物行動学入門(改訂版)』日高敏隆 訳，早川書房，1975年；ハヤカワ文庫NF，1998年〕

Lorenz, K.(1957). Companionship in bird life. In *Instinctive Behavior*, C. H. Schiller(ed.), pp. 83–128. New York: International Universities Press.(English translation of parts of Der Kumpan in der Umwelt des Vogels, *Journal für Ornithologie* 83: 137–213, 289–413.)〔1935年ドイツ語版の邦訳として，「鳥の環境世界における仲間――社会的な行動様式の解発契機としての種仲間」K. ローレンツ『動物行動学I』丘直通，日高敏隆 訳，新思索社，2005年〕

MacCorquodale, K. and P. E. Meehl(1954). Edward C. Tolman. In Estes et al.(1954), pp. 177–266. New York: Appleton-Century-Crofts.

Mill, J. S.(1843). *A System of Logic, Ratiocinative and Inductive, Being a Connected View of the Principles of Evidence, and the Methods of Scientific Investigation*. London: John W. Parker. Reissued by Cambridge University Press in 2011.(J. M. Robson(ed.)(1973–74). *Collected Works of John Stuart Mill*, vols. 7 & 8, University of Toronto Press/Routledge and Kegan Paul.)〔J. S. ミル『論理學體系』(全6冊)，大関将一，小林篤郎 訳，春秋社，1949–59年；J. S. ミル『論理学体系』(全4冊)，江口聡，佐々木憲介 編訳，京都大学学術出版会，2020年–(刊行中)〕

Miller, N. E. and J. Dollard(1941). *Social Learning and Imitation*. New Haven: Yale University Press.

Montgomery, K. C.(1954). The role of the exploratory drive in learning. *Journal of Comparative and Physiological Psychology* 47: 60–64.

Mowrer, O. H.(1950). *Learning Theory and Personality Dynamics*. New York: The

Ronald Press.

Newell, A., J. C. Shaw, and H. A. Simon (1958). Elements of a theory of human problem solving. *Psychological Review* 65 : 151–166.

Olds, J. (1955). A physiological study of reward. In *Studies in Motivation*, D. C. McClelland (ed.), pp. 134–143. New York : Appleton-Century-Crafts.

Osgood, C. E., G. J. Suci, and P. H. Tannenbaum (1957). *The Measurement of Meaning*. Urbana : University of Illinois Press.

Quine, W. V. (1953). *From a Logical Point of View*. Cambridge, MA : Harvard University Press.〔W. V. O. クワイン『論理的観点から』飯田隆 訳，勁草書房，1992 年〕

Romanes, G. J. (1882). *Animal Intelligence*. London : Kegan Paul.

Schiller, P. (1957). Innate motor action as a basis for learning. In *Instinctive Behavior*, C. H. Schiller (ed.), pp. 264–287. New York : International Universities Press.

Scriven, M. (1956). A study of radical behaviorism. In *The Foundation of Science and the Concepts of Psychology and Psychoanalysis*, H. Feigl and M. Scriven (eds.), pp. 88–130. Minneapolis : University of Minnesota Press.

Skinner, B. F. (1938). *The Behavior of Organisms : An Experimental Analysis*. New York : Appleton-Century-Crofts.

Skinner, B. F. (1950). Are theories of learning necessary? *Psychological Review* 57 : 193–216.〔「学習理論は必要か？」スキナー著作刊行会 編訳『B. F. スキナー重要論文集 I 心理主義を超えて』勁草書房，2019 年〕

Skinner, B. F. (1956). A case history in scientific method. *The American Psychologist* 11 : 221–233.〔「科学的方法における一事例史」スキナー著作刊行会 編訳『B. F. スキナー重要論文集 I 心理主義を超えて』勁草書房，2019 年〕

Sperry, R. W. (1955). On the neural basis of the conditioned response. *British Journal of Animal Behaviour* 3 : 41–44.

Thistlethwaite, D. L. (1951). A critical review of latent learning and related experiments. *Psychological Bulletin* 48 : 97–129.

Thompson, W. R. and L. M. Solomon (1954). Spontaneous pattern discrimination in the rat. *Journal of Comparative and Physiological Psychology* 47 : 104–107.

Thorndike, E. L. (1901). *The Mental Life of Monkeys*. Psychological Review Monograph Supplements, no. 15. New York : Macmillan.

Thorpe, W. H. (1956). *Learning and Instinct in Animals*. Cambridge, MA : Harvard University Press.

Tinbergen, N.(1951). *The Study of Instinct*. Oxford: Clarendon Press.〔N. ティンベルヘン『本能の研究』永野為武 訳，三共出版，1957 年〕

Verplanck, W. S.(1954). Burrhus F. Skinner. In Estes et al.(1954), pp. 267–316. New York: Appleton-Century-Crofts.

Verplanck, W. S.(1955). Since learned behavior is innate, and vice versa, what now? *Psychological Review* 62: 139–144.

### レネバーグ「言語発達の生物学的理論を目指して」

Chomsky, N.(1963). Formal properties of grammars. In *Handbook of Mathematical Psychology*, vol. II, R. D. Luce, R. R. Bush, and E. Galanter(eds.), pp. 323–418. New York: John Wiley & Sons.

Chomsky, N. and G. A. Miller(1963). Introduction to the formal analysis of natural languages. In *Handbook of Mathematical Psychology*, vol. II, R. D. Luce, R. R. Bush, and E. Galanter(eds.), pp. 269–321. New York: John Wiley & Sons.

Cowgill, W.(1963). A search for universals in Indo-European diachronic morphology. In *Universals of Language*, J. H. Greenberg(ed.), pp. 114–141. Cambridge, MA: The MIT Press.

Hockett, C. F.(1950). Age-grading and linguistic continuity. *Language* 26: 449–457.

Hoenigswald, H. M.(1963). Are there universals of linguistic change? In *Universals of Language*, J. H. Greenberg(ed.), pp. 30–52. Cambridge, MA: The MIT Press.

Miller, G. A. and N. Chomsky(1963). Finitary models of language users. In *Handbook of Mathematical Psychology*, vol. II, R. D. Luce, R. R. Bush, and E. Galanter(eds.), pp. 419–491. New York: John Wiley & Sons.

Sapir, E.(1921). *Language*. New York: Harcourt, Brace & World.〔エドワード・サピア『言語――ことばの研究序説』安藤貞雄 訳，岩波文庫，1998 年〕

**福井直樹**　監修，序文
上智大学大学院言語科学研究科教授．専門は認知科学，理論言語学．

**渡辺 明**　監修，イントロダクション，各著作導入
東京大学大学院人文社会系研究科教授．専門は理論言語学．

**遠藤健樹**(えんどう けんじゅ)　フンボルト翻訳
東北大学大学院文学研究科助教．専門は哲学，倫理学，社会思想史．

**佐藤 駿**(さとう しゅん)　フンボルト翻訳
北海道大学大学院文学研究院応用倫理・応用哲学研究教育センター共同研究員．専門は近現代哲学．

**梶浦真美**(かじうら まさみ)　チョムスキー翻訳，レネバーグ翻訳
翻訳者．訳書にフォア『ごく平凡な記憶力の私が1年で全米記憶力チャンピオンになれた理由』(エクスナレッジ)ほか．

〈名著精選〉心の謎から心の科学へ
言　語　フンボルト／チョムスキー／レネバーグ

2020年10月16日　第1刷発行

監修者　福井直樹《ふくいなおき》　渡辺《わたなべ》 明《あきら》

発行者　岡 本 厚

発行所　株式会社 岩波書店
〒101-8002 東京都千代田区一ツ橋 2-5-5
電話案内 03-5210-4000
https://www.iwanami.co.jp/

印刷・精興社　製本・松岳社


ISBN 978-4-00-007800-9　Printed in Japan